やることを8割減らすダンドリ術

飯田剛弘
Yoshihiro Iida

大和書房

Prologue

プロローグ

「やることを8割減らす」という、まったく新しいがんばり方

僕たちは、なぜ、いつも時間に追われているのか

がんばっているけれど、なかなか思うように進まず、締め切り前になると、いつもバタバタ。

やることがたまって、どこから手をつけていいのかわからなくなり、途方に暮れる。

先延ばしグセがたたって、気がつけば、自分の時間がほとんどない。

えいやっとばかりに山積みのタスクにいざ向き合えば、努力が無数の方向にバラバラになって、どこにも成果が見えてこない……。

ああ、もっとダンドリがうまかったらなあ！

こんな状況に陥《おちい》ってはいませんか？

心当たりがあるあなた。もしかすると、これまでのがんばり方を見直してもいいタイミングなのかもしれません。

僕自身、あるとき、自分の「がんばり方」を思い切って見直したことで、時間の使い方や人生が、ガラリと変わった人間です。

それは、「すべて一人で完璧にやろうと、何でもかんでもがんばらない」という考え方に出合ったからです。「え？　がんばらない？」と聞くとちょっと戸《と》惑《まど》うかもしれませんが、それが僕の生活を一変させました。

「限られた時間で成果を出す」ために

大学卒業後に、はじめて入ったベンチャー企業では、僕は「とにかくがんばる」「週末もがんばる」みたいな感じで、仕事中毒になっていました。当時、がんばればがんばっただけ成果が出たこともあって、さらにがんばろうという気持ちになり、かなり長時間、仕事をしていました。

しかし、外資系企業に転職したときに、この「がんばる」だけでは、うまくいかないことを痛感しました。今となっては日系企業でも当たり前のことですが、僕が転職した外資系企業では、残業して結果を出すなんてもってのほか。「定時内」で成果を出す必要がありました。

今までの僕の「がんばる」は、「長時間、がんばって仕事をする」「気合と根性でがんばる」という意味だったので、外資系企業で必要とされる、限られた時間で成果を出すためのがんばり方ではなかったのです。今すぐ根本的に働き方や考え方を変えないと、自分の役割を果たせないということを悟りました。

また同時に、「自分のペースで進むことが大切だ」とも気づきました。他の人と比べて、無理に自分にプレッシャーをかけたり焦りを感じたりすることはない。むしろ、その焦りが、ミスや失敗を引き起こすことも多いのだ、と。

あなたの「時間を奪う」習慣を見直す

そこで、「成果を出すために、どの仕事に集中すべきか？」「なぜ、それに取り組むのか？」という大切な質問に真剣に向き合い、考え始めました。

その結果、「効果が高い仕事に集中する」こと、また、「クリティカル（きわめて重要なこと）かどうかで判断し、やらないことを増やす」ことなどが、ダンドリの成功のカギだと理解しました。

ただ同時に、注意しなければいけないこともわかってきました。

それは、「がんばらない」という選択をすることも大切だということです。

通常、僕たちが「がんばる」って考えたとき、「あれもやらないといけない」「これもやらないといけない」と考え、かえってやることを増やそうとしてしまいがちです。

ただ、それらの作業は、相手が納得する成果を出すために、絶対に必要な活動とは限りません。つまり、「本来なら、あなたがやらなくてもいい仕事」を、自分で増やしている可能性があるのです。

これは逆にいえば、「がんばらない」を選ぶことで、「不必要な仕事の増加」を止めることができるということです。僕たちは、そんなちょっとしたことで、自分の時間を奪うものを、減らすことができるのです。

「仕事を減らす」ことで、より多くを生み出す

強調してお伝えしたいのですが、「がんばらない」というマインドを持つこと、

それはサボることではありません。限られた時間で、効果が高い仕事に集中し、よりよいパフォーマンスを引き出すためには、絶対必要なことなのです。

これにより、僕たちは「限られた時間の使い方」が改善され、毎日をより充実させることができます。自分にとっても、周囲にとっても、もちろんお客様にとっても、〝いいことずくめ〟なのです。

もし、周りからの期待に応えられないと不安を感じるときは、自分の気持ちや今の状況をきちんと言葉にして、相手に伝えましょう。

外資系企業で海外のメンバーと毎日仕事をしていた僕の経験から言うと、日本人は、このちょっとしたコミュニケーションが苦手な傾向があると思います。そのため、高い能力をお持ちでありながら、思うような成果を上げられていないケースが多いと感じます。これは、とてももったいないです。

本書では、その「ちょっとしたこと」のポイントとコツをお伝えし、ダンドリのうまい、要領のいい人になっていくコツをご紹介します。

僕が「デスクの上の電話機のコードを引っこ抜いた」瞬間

具体的に、僕が何を「やめる」ことにしたのか、お話しします。

僕が外資系企業で働き始めたとき、とにかくやることが多く、一つの仕事に集中することが難しかったのを覚えています。デスクの電話が鳴り止まず、次から次へと仕事の依頼や問い合わせが舞い込んできて、自分の仕事に専念する時間がほとんどない……そんな有様《ありさま》でした。

こうした状況にとうとう我慢できなくなったある日、僕は思い切ってデスクの電話を使わないことにしました。デスクの電話の着信音を消したのです。

この決断をしたときは「こんなことして、本当に大丈夫だろうか……」と少々怖かったのですが、仕事の効率を上げるためには必要なことだとも感じていました。だから、実行に踏み切りました。

仕事の質と効率がグンとUP！

もちろん、電話に出ないと決めた後、フォローの方法はきちんと取りました。たとえば、チーム内のやり取りについては、普段の連絡はメールで、ちょっとしたことを確認したいときはチャットを使ってもらうこと。そして、緊急の場合や直《ただ》ちに回答が必要なときだけ、携帯電話を使ってくださいとチームメンバーにお願いしました。こうして、周りの人ともコミュニケーションの方法を明確にしました。

はじめてデスクの電話を切ったときの緊張感は今でも忘れられませんが、それは一時的なものでした。このやり方に変えてから、自分の時間を他人から邪魔されることがグンと減りました。自分の時間を大切にすることができ、仕事の質と効率が、むしろ向上しました。

今では、この経験が、僕の働き方を大きく変えた重要なターニングポイントであったことを実感しています。

「完璧さ」を手放せば、時間と心に余裕が生まれる

やることが増えると、ストレスを感じて焦ります。やらなければいけないと思い込んだり、時間的なプレッシャーを感じたりします。時にはパニックになってしまいます。何をやっていいのかよくわからなくなることがあります。

なぜそうなるのでしょうか？

それは、やることが多すぎるからです。

でも心配しないでください。解決策はとてもシンプルで、「やりすぎているところ」を削《そ》ぎ落とすことだけです。やることを減らすことです。

そこで、僕がオススメしたいのが「8割減らす」という考え方です。

すべてを完璧に、自分でこなそうとするのではなく、「8割減らして、残り2

割に集中する」を目指す。

そうすることで、仕事の効率が向上し、時間と心に余裕が生まれます。しかも、周囲からの評価は変わりません。もしくはこれまでよりアップするのです。

これを聞いて、「え？　8割も仕事を減らしていいの？」と驚かれるかもしれません。

そうです、最低でも、8割です。

これが「1～2割減らそう」だと、今までのクセで実際なかなか減りません。大半をなくそうと考えることで、本当に大事なことが初めて見えてきます。

そして、効果が出ることだけに集中してみましょう。そうすることで、これまでに想像しなかった余裕と時間が生まれます。

その方法を、これからみなさんにお伝えしていきます。さあ、新しい「要領のいい自分」に会いにいきましょう。

やることを
8割減らす
ダンドリ術

目次

Chapter 2

「やらないことリスト」のつくり方

Chapter 3

立ち止まらない自分へ！「行動ブレーキ」の外し方

Chapter 4

「切り替えのコスト」を見直し、ムダを省く

Chapter 5

「プランB」があれば、遅れやトラブルは怖くない

Chapter 6

「他人」を味方にすればダンドリはグッとラクになる

Chapter 7

計画通りに進まなくても、あわてる必要はない

Chapter 8

大まかな「時間割」で、日常をスッキリ整理しよう

Chapter 9

ちょっとした「細切れ時間」のチリツモ活用法

Chapter 10

時短&効率UP！インターネット活用術

Chapter 1

「8割のムダ」を減らす考え方

「これくらいやらなければ」という前提を疑う

「○○さんって、完璧主義ですよね」と誰かに言われたとしたら、あなたはどう感じますか？

「そうそう、そうなんです！」と即答しますか？

多分、そういう人はあまり多くないんじゃないでしょうか。おそらく、「そんなことないです」と答える人のほうが多いと思います。あなたは、どうでしょうか？

僕は、これまで研修やセミナーなどを通じて多くの人とお話しさせていただきましたが、自分がダンドリが苦手だとおっしゃる人ほど、完璧主義の方が多いと感じます。

ご本人は自分のことを完璧主義だと思っていなくても、僕から見ると、ものすごく高い理想をお持ちだなあと思うことがよくあります。正直、講師として話している僕よりもしっかりされていて、逆にプレッシャーを感じます（笑）。

それなのに、そういう方ほど「ダンドリがうまくできない」と感じ、自分に自信がなさそうだったりして、僕はもったいない気持ちになるんです。

「そこまで自分に厳しくしないでください！」「もっと気楽に行きましょう！」

と、思わず言ってしまうこともあります。

何でも一人で「抱え込む」から、うまくいかない

ダンドリに関して言えば、学校で習ってこなくても、今までみなさんなりにやってきたと思います。ただ、最適な方法や考え方を知らなかったために、不必要に苦労していた、心配していたということはあり得ます。

そこでお伝えしたいことがあります。

もしダンドリがうまくいかなかったとしても、もし予定通りに進められなかったとしても、決して自分の能力がないからだ、なんて思わないでください。

ダンドリが難しいと感じるのは、あなたの弱点なんかではありません。ただ、今の行動や考え方に改善できる点、つまり伸びしろがあるだけなのです。

たとえば、本来、自分がやらなくてもいいことなのに、がんばってやってしまう。必要以上にやることを自分で増やしてしまう。

または、相手がそこまで求めていないのに、自分の中で「ここまではやらないといけない」と思い込んでしまう……などです。

本書では、そうした「本来、あなたが抱え込まなくてもいいがんばり」の8割を捨てる考え方と、その方法をお伝えしていきます。

そのこだわり、本当に必要？
——完璧主義の意外な落とし穴

現在、僕は講師として、全国でダンドリやスケジュール管理、プロジェクトマネジメントのセミナーを行ったり、人材育成の研修や講演をしたりしています。また、自社や公的機関で、年間１００件を超える相談対応やコンサルティングも行っています。

こうした活動を通し、さまざまなバックグラウンドを持つ方とお話しする機会があるわけですが、その中で気づいたのが、心配性の方や、経験が浅くまだ自信のない方は、本来自分がやる必要のない仕事を増やしたり、やるべきことが増えていたりする傾向があるということです。また、空気を読みすぎることで（先回りをしたり、考えすぎたりした結果）、自分からやることを増やしているようなケースも多々、見られました。

そして、「時間がない！」「やることが多すぎる！」「どうしよう……」と、自分で自分を追い詰めてしまっています。これに気づいて以来、僕はいろんな方の仕事の進め方に注目するようになったのですが、どうやらこれは、完璧を求めがちな僕たち日本人にはよくあることのようです。

大切なことを知り、余計なこだわりを手放そう

完璧を求めること自体が、悪いわけではありません。問題なのは、自分で無意識にやるべきことを増やしてしまい（やらなければならないと思い込んで）、他の重要な仕事に支障が出てしまうことです。

もし、あなたが自分のことを「完璧主義な部分があるかも」と思うとしたら、それは決して悪いことではありません。最高のパフォーマンスをしたいという、強い意志の表れです。しかし、その完璧主義が自分自身を苦しめていたり、他の大切な仕事に影響を与えていることがあるとしたら、少し立ち止まって、自分の時間の使い方やダンドリの仕方を、ちょっと見直してみてはいかがでしょうか。

人は「余計ながんばり」を背負い込みすぎ

「こなさなくてはいけないこと」が次々に降ってくると、一日があっという間に終わってしまった経験、僕たちみんなが持っているのではないでしょうか。

そんなとき、人によっては「やり遂げた感」を感じるのかもしれません。でも、それって本当に時間をうまく使って、効率よくやれていたのでしょうか？　ちょっと振り返ってみてください。あなたは、どう感じましたか？

これは10数年前の僕自身の話です。当時、僕は朝から深夜、さらに週末まで、ずっと仕事をしていました。

やりがいを感じていましたし、やらされているというわけではなかったので、ネガティブな感情やストレスは特にありませんでしたが、「自分の納得のいく成果を出すためには、長時間働くことは当たり前」という感覚でした。

しかし、外資系企業に転職したときに、これまでの「がんばり続ける」では、うまくいかないことを痛感しました。「定時内」で成果を出すことが求められたからです。自分の役割を果たすためには、これまでの働き方や考え方を根本的に見直す必要があると感じました。

そこで気づいたのが「余計なこだわり」を手放すこと。そうすることで、ムダなことが減り、自分の時間を有意義に使うことができるのです。

時間と労力をたくさん使って働くことが、結果を出すための唯一の手段ではない、ということを、このとき学びました。

このときの経験が、「自分がなぜ苦労していたのか」という新たな視点をもたらし、新しい自分と新しい世界を見つけるきっかけとなりました。

僕自身の体験を通じて編み出した、効率的なダンドリの考え方やコツを、本書にまとめました。

仕事の量を減らしたら、「3分の1の時間」で同じ成果!?

僕が、日本のベンチャー企業から外資系企業に転職して、まだ間もない頃の話です。日本のベンチャー企業にいた頃は、深夜まで働いたり、休みの日に仕事をしたり、長時間働くのが普通でした。そのため、振り返ると、今では考えられないほどたくさん働いていました。

しかし、外資系に転職すると、前述したように事情が一変しました。「定時で仕事を終わらせて、結果を出さなければならない」というプレッシャーを、人事の人から強く感じるようになりました。

また、僕はマネジメント職だったので、自分だけでなく、チームの人たちが残業をしないように、みんなの働き方や環境をつくる役割もありました。

そこで、海外のリーダーの働き方を学んだり、教えてもらったりしながら、働く方法を根本から変えることにしました。時には、上司からの指示で、今まで普通だと思っていたやり方を単純化したり、必要なタスクに絞り、やることを減らしたりしました。

海外のリーダーからは、僕がこれまで取り組んできたことは、「お客様にとって意味がなく、全体的には効果を上げていない」と何度も指摘されました。

これは、もちろんショックなことでしたし、また、当時は自分が長年、当たり前のようにやってきたことを止めることに、抵抗がありました。

もっというと、僕自身が「やめたほうがいいかも」と感じつつも、過去の自分の成功体験があるからこそ、心のどこかで「このまま続けるべきなのではないか」と思ってしまうところがありました。

しかし、上司からの指示を無視するわけにはいきません。とりあえず、やることを減らすことにしました。

「成果を生まない仕事」をやめる

実際に作業の量を減らしてみると、驚くことに短時間で仕事が終わり、本当に定時で帰れるようになってしまいました。

その一例として、特に大きくタスクを減らすことができたのは、「ローカライズ作業」というものを見直したことです。

どういうことかというと、当時の僕は、製品の活用事例の翻訳《ほんやく》から、日本語版の制作に関わっていました。翻訳会社を利用する場合でも、翻訳の品質確認、デザインやレイアウトの確認、修正内容の確認、最終確認……という、手間のかかる工程が数多くあり、修正のスケジュール調整も必要でした。これが、ものすごく時間を取られる作業だったのです。

しかし、この部分を見直すことで、確認作業の回数を、これまでの3〜4回から、1〜2回にまで抑えることができるようになりました。こうして、以前の3分の1の時間で、タスクを完了できるようになったのです。

そのこだわり、実は「エゴ」かも

このときは、本当に、「自分の、これまでの考え方は一体何だったんだろう」と思いました。これまで、自分の勝手な思い込みで、自分が特に興味あるものでもないのに、意味不明にこだわっていたことに気づかされました。

やるべきことを増やしたり、減らせなかったりしたのは、主に「自分の思い込みが原因だった」ということです。

その後は、「相手（お客様）にとって価値があることのみをやる」「効果が出ることだけに集中する」「それ以外は、自分のエゴ」「自分が本当にやりたいからやる」「こだわることはこだわるけど、どうでもいいことにはこだわらない」といった判断基準を持つようになりました。

「あれもこれも」の代償は大きい

部屋や机、カバンなど、物が散乱していて、すぐに必要なものを見つけられない。そんな経験はありませんか。

僕自身、よくありました。特に出張が多い僕の場合、リュックの中から必要な資料や名刺を探すのに苦戦することがよくありました。

あるとき、もうこんなことでストレスを抱えるのはイヤだ、自分を変えよう！　自分を変えて、快適な環境を手に入れるんだ！　と決意しました。

そこで、まずは「自分は、どうなっていたいのか」を考えることから始めました。

「自分が普段、使うものは何か？」

「それらはどこにあるべきなのか？」
「それ以外のものは全部捨てられないのか？」

このような流れで考え、自問自答し、整理すべき目標から逆算して片付けのルールを決めました。

その結果、僕の場合、リュックの中には、財布、スマホ、パソコン、クリアフォルダ、名刺ケースだけが必要だということがわかりました（それ以外のものは、別になくても困らなかったのです）。

だから、それ以外のものは、思い切ってすべてリュックから出すことにしました。結果として、リュックの中は必要最低限のものだけになり、いつでもすぐに、そのとき必要なものが取り出せるようになりました。

一度体験してみてほしいのですが、これは、ものすごく快適です（ちなみに、机や部屋の片付けも、基本的な考え方と行動のステップはこれと同様です）。

「本当に必要なもの」しかカバンには入れない

この片付け法は、「ダンドリ」にも応用することができます。

もし、あなたが今、ダンドリで悩んでおられるなら、「どうすべきか」と、もう迷わないでください。

僕が自分のリュックに対してしてしたように、自分にとって実は必要ではなかった「8割のタスク」を取り出し、減らして、「本当に必要なタスク」だけで、あなたの予定を埋めてください。

たったこれだけで、今よりグッと効率的で快適な生活空間を手に入れることができます。次ページから、くわしくその方法を見ていきましょう。

「価値の低い仕事」でエネルギーを消耗してはいけない

本当に大事なのは「クリティカルでなければ、とにかくやらない」という考え方です。ここでいう「クリティカル」とは、「きわめて重要」や「深刻」、「大きな影響を及ぼすこと」というくらいの意味合いです。

つまり、「絶対必要でなければ、とにかくやらない」という考え方のことです。

ダンドリ上手な人は、進め方がうまいだけではありません。自分が「やるべきこと」と、「やらなくてもいいこと」を見分けるのがうまいのです。自分のやりたいことや、やるべきことには全力を注ぎますが、それ以外のことには気をつかわないのです。

やらなければならないことを増やさないためにも、「やらないと深刻な問題になることや、あとから修正するのが難しいこと」だけに集中することをオススメします。
何度もお伝えしますが、目指すべきは「8割やらない」ことです。

ダンドリ上手は「選ぶこと」を選んでいる

なぜ8割かというと、僕の経験から来ている数字なのですが、きちんとした根拠もあります。突然ですが、「パレートの法則」というものをご存じでしょうか。別名、「80対20のルール」とも呼ばれます。これは、全体の成果の80%が、全体の努力の20%から生まれるという考え方のことです。つまり、効果的な20%のタスクに集中すれば、効率よく全体の成果を出すことができるということです。

常に、「使った時間に見合うだけの効果があったのだろうか?」「かけたお金に見合う効果があったのだろうか?」といった具合に、「何をやると、より高い効果があるのか」を考えてから、効果が高いと思われることに集中することを意識してみましょう。すると、「あれもこれもやらないといけない」という発想から「これだけはしっかりやろう」という考え方に変わってきます。たったそれだけでも、仕事にかける全体の時間は、それまでよりもグッと減ります。

仕事は〝新鮮なうち〟に終わらせよう

あなたは今取り組んでいることすべてを、完璧にやり遂げたいと思っていますか？

「ベストを尽くしたい」「自分が納得するまで改善したい」という思いは、素晴らしいものです。

しかし、「○○しなければいけない！」という思いが強すぎてしまうと、時に身を粉にして取り組みすぎて、自分自身を追い詰めてしまうこともあるかもしれません。

そうなると、意外と大きなストレスを感じているのに、それに気づかないこともあるのではないでしょうか。そのストレスが、思わぬところで仕事のクオリティを低下させたり、スケジュールを遅らせたりしてしまうこともあるかもしれません。

図1　仕事の価値は「質とスピード」

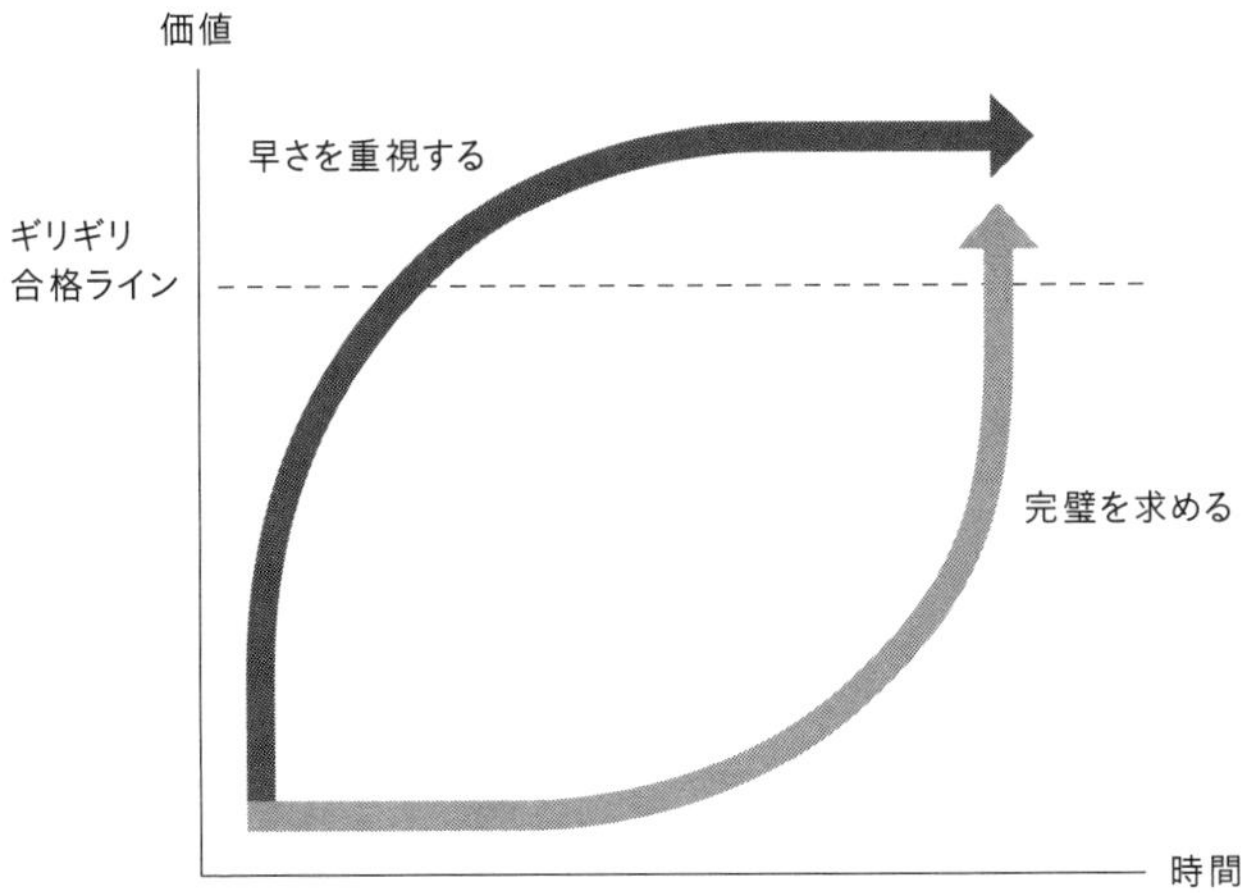

仕事の価値は、「質」と「スピード」

ここで、ぜひ取り入れてみてほしいのが、「早さを大事にする」考え方です。

「仕事の成果の価値」とは、「仕事のクオリティ」÷「かける時間」と考えてみてください。「ちゃんとやって質を高めること」だけではなく、「かける時間」も重要だということです。

「それって手を抜くこと（完成度を下げること）と、どう違うの？」と思う方もいるかもしれませんが、そんなことはありません。これは「手を抜く」のではなく、必要な仕事の品質を保ちながら、どれだけ早く結果を出すことができるかという点を考えるのです。依頼してきた人が求めているものを、できるだけ早く、最低限の形で出してみて、それでＯＫか、直すべきかを依頼者に判断してもらうことです。

そうすると、自分が考えすぎていることに気づくかもしれません。いずれにせよ、余計な感情に振り回されることはグッと減るでしょう。

「半分、完成」でまず見せてみる

たとえば、仕事を始めたときに、最初にできるだけシンプルに最低限の形でまとめて、相手に見せてみるのはどうでしょうか？

早く出すことで、相手からの意見ももらえて、直すべきところを見つける時間も増えます。それが、最終的に全体のクオリティを高めることにつながります。

「半分、完成」くらいのところでまず見せてみる。それくらいの気持ちでもいいと思います。完璧を目指すよりも、期限内にちゃんと仕事を終えることを優先しましょう。

何事も思い通りにはいかないものです。状況や要望が変わることもあります。早さを大事にして、必要に応じて調整することが大切です。

それは「必要なこだわり」か、「ただのエゴ」か？

一つの例として、僕のクライアントの一人、Aさんのケースをご紹介します。

Aさんはプレゼンテーションの資料作成が得意で、そのスキルは上司や顧客からも高く評価されていました。

しかし、Aさんが重視していたのは、フォントや色など、資料のデザインの細部へのこだわりでした。このこだわりのために、資料作成にかかる時間が延び、さらに本来、もっとも重視されるべき資料の内容が軽視されがちという問題を抱えていました。

とはいえ、普段はそれで滞《とどこお》りなく進んでいたので、Aさんがその問題をスルーするのも、ある意味仕方がなかったのです。

しかし、あるとき、Aさんの転機となるアクシデントが発生しました。ある重要なプロジェクトの資料作成で、Aさんがこのこだわりを優先してしまった結果、大事な資料の内容が薄く、納期も守られなかったため、上司や顧客から不評を買ってしまったのです。ここでAさんは大切な気づきを得たそうです。

「自分のこだわりが、実は仕事を遅らせている」と。

Aさんからダンドリについて相談を受けた僕は、Aさんに次のようなことを試していただくことにしました。

❶自分が大切にしていることを挙げてみる

今の自分にとって、本当に必要なことなのか客観的に見直してみましょう。まずは、自分の価値観や目標を再確認することで、自分自身への理解が深まります。

❷(❶と関連して)なぜ、そのことにこだわるのか、理由をハッキリさせる

なぜそのことにこだわるのか、自分の中での意味をしっかりと探りましょう。そのこだわりが自分や他の人にとってどんな影響を持つのか、プラス面もマイナス面もよく考えてみましょう。自分のこだわりの理由をハッキリさせることで、その重要性や影響が客観的に見えてきます。

3 新しい経験を積んでみる

他の人の視点や経験を理解するために、意識して、普段の生活から一歩踏み出して、新しい経験をしてみましょう。異なる場所や新しい人との交流を通じ、自分の持つこだわりや価値観が、ただの一つのものの見方に過ぎないことを実感できます。この経験により、自分の考えや価値観に新しい発見があるかもしれません。また、異なる意見や価値観を受け入れる柔軟性を養うこともできるかもしれません。

4 こだわりを深掘りして見直す

僕たちが持つ強いこだわりや信念。それが本当に大切なものなのか、一度立ち止まって考えてみましょう。異なる視点や意見を取り入れることで、そのこだわりの深さや範囲をもっと広げることができます。こだわりに対して疑問を持ち、再評価することで、新しい視点が生まれるかもしれません。

5 周りと比較しない

自分と他の人とを比べることを避けましょう。他人と比較するとストレスが生まれ、こだわりを強める要因となります。見るのは外の他人ではなく、内の自分の心に集中しましょう。

6 自分の直感を疑問視してみる

普段私たちが当たり前と思っている意見や信念も、他の人から見れば一つの視点に過ぎません。その自分の直感や考えに疑問を持ち、その根拠や背景を考え直してみましょう。異なる背景や環境からの意見を取り入れることで、自己成長と理解の幅を広げることができます。

こうして、自分の、不要になっていたこだわりを手放し、プレゼン資料の内容に集中するようになったAさん。その結果、Aさんの資料作成時間が短縮され、評価も向上しました。

前述の❶～❻のステップを踏んでみると、こだわり以上に、自分の仕事が、自分やまわりの人にどれだけ影響を与えるかが、見えてくると思います。

普段から、まず「他の人が、自分の仕事を待っているかもしれない」と考えられるようになるといいですね。

それができるようになると、自分が今抱えている仕事全体の優先順位や締め切りが見えてくると思います。

それでも、「自分は、これだけは捨てられない」というものも、きっとあるでしょう。最後に、捨てられないこだわりこそが、本当に自分にとって大切なこだわりなのかもしれません。

Column

なぜいつもギリギリになるの？ ――パーキンソンの法則

「余裕を持って計画したのに、いつもギリギリの提出」

「1日で終わらせようと思ってたことって、なんで3日かかるの」……。

こんな経験、みなさんも〝あるある〟なのではないでしょうか。

この原因は、「パーキンソンの法則」で説明できると考えられます。これは「仕事の量は、完成のために与えられた時間をすべて満たすまで膨張する」という法則です。僕たち人間には、「時間を与えられると、その時間を全部、使い切ってしまう」という習性があるのです。

たとえば、ミーティングの時間が1時間あれば、本来であれば30分ほどで話し合える内容でも、終了時間いっぱいまで、ついいろいろと話してしまうことがあります。

また、仮に資料づくりのために2時間確保していたとします。1時間でだいたい完成したとしても、「まだ締め切りまで時間があるから」ということで、つい関係ない情報まで調べてしまったり、小さな文章表現にこだわったりして、自分からやることを増やしてしまうこともあります。

この結果、ゆとりを持ってスタートしたはずが、気づいたら、いつも締め切り直前で大あわて、という結果になります。

それはまるで、「夏休みの宿題」のようなものです。僕たちは、長い夏休みの間、何度「そろそろ宿題を始めよう」と思ったでしょうか？　でも、そのたびに遊びや楽しい予定に気を取られ、あっという間に時間が過ぎてしまう。そして、8月も終盤になってからようやく、「大変！」と焦って、一気に夏休みの課題に取り組む。

そんな経験、ありませんか？　僕はあります（笑）。

そして、多かれ少なかれ、何とか宿題を終えることができたと思います。それはある種の成功体験であり、「（なんとなく）まだ大丈夫」と思ってしまうきっかけにもなります。そうなると、どんどん早く取りかかることが難しくなり、毎回同じことを繰り返してしまう……。

これが、結果として、「いつも締め切りギリギリ人間」をつくってしまうのです。

実際、ダンドリが苦手な人たちの多くは、このような経験をお持ちのことが多いようです。

これを変えるには、自分の意志だけに頼るのではなく、環境や仕組みを活用することです。本書では、その具体的な方法をたくさん紹介します。

Chapter 2

「やらないことリスト」のつくり方

「要領が悪い」のではなく、「やることが多すぎる」のです

本当に、自分にとって捨てられない、大切なこだわり。それを探るためにできる、具体的な方法をお伝えします。

それが「やらないことリスト」をつくることです。

その日にやることを書き出す「やることリスト」や「To Doリスト」を普段から活用している方は多いと思います。

それでも、こうしたリストを活用していても、思うようにやるべきことが終わらなかった。そんな経験は誰にでもあるかと思います。

それが不必要なストレスになり、やる気がなくなり、ため息が出たり、「やることリ

スト」すら見たくない……みたいなことって、よくあると思います。

これは、一概に、すべての人がそうとは言えませんが、でも、僕は多くのダンドリがうまくいかないとお悩みの方々の相談を伺ってきた経験から、確信を持っていることがあります。

多くの方の「ダンドリ下手」というお悩みの根源は、実は、やり方よりも、単純にやることが多すぎるからではないかということです。

基本的には、「クリティカルなこと」。すなわち、「やらないと大問題になること、直すことができないこと」だけをやることをオススメします。

しかし、それ以前に行える対策があります。それが、冒頭で述べた「やらないことリスト」づくり。

このリストをつくることで、自分がやらなければいけないと感じていることを減らすのです。すべてに全力で取り組む必要はないのです。

自分にとって「必要なモノ」だけが見えてくる

「やらないことリスト」って何でしょうか。

それは、自分が「避けるつもりの行動」をリスト化したものです。

何をやらなくていいかを決めると、何をやるべきかが見えてきます。「やりたい！」と思っていたことが、実はそんなに重要でなかったり、時間の無駄だったことに気付くかもしれません。

これは部屋の掃除に似ています。不要なものを捨てると、部屋の印象だけでなく心まで軽くなり、今、自分にとって必要なものは何かということや、本当に大切なものが見えてきますよね。

どんなことに時間を使うべきかが、自分の中でハッキリします。

「選ぶ力」の鍛え方

自分がどのように時間を使っているかを洗い出し、そこから何を避けるべきかをリストアップすることが大切です。今まで当たり前のように行っていたことや、自分が負担に感じていたことも、「やらないことリスト」に含める対象にしなければなりません。以下に、押さえておきたいポイントを紹介します。

❶ まず、「自分でやろうとしない」が大前提

まずは、「そもそも、やらなくていいこと」を洗い出します。次に考えるべきは、「他の人に頼めることはないか？」です。「頼める、頼めない」を考える前に、「他の人に

お願いできたら、どんなメリットが自分にあるか」を具体的に想像し、リストに加えてみるのです。たとえば、他の人に頼んだことで得られる自分の時間を、どう使えるかを考えてみましょう。

2「なぜ、やらなければならないのか」と自問自答する

「以前からやっていたから」とか「何となく」という理由でやり続けていることは、「やらないことリスト」の筆頭候補です。「その行為が、目標達成にどれほど貢献しているか」も合わせて、自分に問いかけてみましょう。自分自身と向き合い、ホンネで答えることが大切です。すると、本当に重要なことと、他人との約束事以外のことは、徐々に「やらないことリスト」に移っていきます。

たとえば、毎月購読していた雑誌。いつの間にか「雑誌を買わなくてはいけない」というルールが、自分の中でできてしまっているのかもしれません。しかし、ひょっとしたら、それが時間とお金のムダになり、肝心の雑誌が、以前ほど楽しみでなくなっていたことに気づくかもしれません。

他にも、サブスクを契約していることが「動画を見なければ」というプレッシャー

になっている……という話も、最近よく聞きます。

❸ 自分に対する正直さを持つ

自分が絶対にできないと思うことや、守れないことを無理に「やらないことリスト」に入れないでください。それは自分自身への不必要なプレッシャーになります。自分を理解し、優しく対話をすることが大切です。たとえば、仕事でSNSを使う人が、「プライベートでは、一切、SNSを使わない」という項目を「やらないことリスト」に追加しようとすると、その実行はかなり難しいかもしれません。最初から達成困難が見えている項目は、「やらないことリスト」には入れないほうが無難です。

❹ 具体的な行動を記載する

たとえば、「SNSを見ない」より、「この作業が終わるまでは、SNSを見ない」と具体的に決めるほうが、避けるべき行動をイメージしやすくなります。具体的な行動を決めることで、「無理なく続けられる」という心理的な安心感が生まれることもあります。

5 やらないことを視覚化する

避けるべき行動をメモしたりして、それを見える形にすることで、それを避ける意識がより強まります。それをデスクやＰＣ、スマホの画面など、目につきやすい場所に貼っておきましょう。

6 「やらないことリスト」は定期的に見直し、更新する

時間が経つにつれて、優先事項が変わり、やらなくてもよくなることがあります。リストは自分の現状や環境、目標に合わせて、時には柔軟に更新することが大切です。たとえば、新しい仕事を始めたとき、業界の最新のすべての情報を知りたいと思うかもしれません。でも、すべてのニュースを追っていると、他の重要な仕事に時間を使えなくなってしまうこともあるかもしれません。

そんなときは、「すべてのニュースを読む」を「やらないことリスト」に入れて、「自分の仕事に直接かかわる、重要な情報だけをチェックする」に切り替えてみましょう。そうすれば、時間をもっと上手に使うことができます。

時間がたてば、自分達の状況や優先事項などは変わるものです。そのため「やらないことリスト」も時折、見直し、更新しましょう。

7「やらない」習慣が身につくまでの時間は、ある程度かかると思っておく

初めて「やらないことリスト」をつくり、やらないということに実際にトライしてみると、不安や違和感を感じるかもしれません。ですが、これは当たり前のことです。僕たちは、習慣の生き物です。時間をかけて変化するものだと理解し、まずは3日間続けてみてください。

それができたら、3週間、次に30日、3カ月と、「3」のつく目標を設定し、続けてみましょう。新たな習慣が身につき、効果を感じられると、初めの不安が満足感に変わってきます。

自分の時間を大切にするための「やらないことリスト」。はじめは戸惑うかもしれませんが、少しずつ習慣にしていくと、毎日の生活を自分でコントロールしているという実感がわいてくると思います。

「出張のたびにお土産を買う」のを、思い切ってやめてみたら

僕の「やらないことリスト」には、「お土産」という項目があります。これ、どういうことかお話しします。

以前は、僕はどこかに出張すると、そのたびに職場の人たちにお菓子のお土産を買っていたのです。でも、あるとき、それを「やらないことリスト」に追加することにしました。

その当時、僕は毎週のように出張していたので、そのたびのお土産選びは、正直なところ、ちょっとしたストレスになっていました。でも、「やらないことリスト」にそれを書き込んだことで、自分の時間やペースを取り戻すことができたのです。

いろいろ試行錯誤した末、結局、当時は月に1回程度、海外出張があったので、そのときだけちょっとしたお菓子をお土産に買うことにして、国内出張時は一切買わないことにしました。その結果、周囲の反応は……、

それまでと変わらなかったのです。

最初は、お土産を買うのをやめたことで、職場の人から「ケチだ」と思われるのではないかと不安になったこともありました。でも、実際にやめてみてわかったのは、職場のみなさんは、僕の状況を理解してくれているということでした。

やめることで「選ぶ力」を取り戻した僕の話

そして、お土産を買うのをやめてみたことは、「他の人が何を期待しているか」よりも「僕自身が何をしたいのか」を考え直す、よい機会にもなりました。うっすらとしたストレスを感じながら「お土産を買う」という行為には、知らず知らず、自分を他人軸にしている部分があったようなのです。

その習慣を、思い切って断ち切ったことで、僕は自分軸と、「自分で選ぶ力」を取り戻したような気がしています。

「やらないことリスト」をつくる、計り知れないメリット

「やらないことリスト」をつくり、それを少しでも優先することで、つまり「やることリスト」から「やらないことリスト」を引いて残ったものが、本当に自分にとって重要なことになります。

これにより、全体的にやることが減り、今まで当たり前のように消費していた時間を節約することができます。また、他のことにも気を取られず、目の前のことに集中でき、結果として、効率よく成果を上げられるようになります。「やることリスト」に圧倒されることなく、ストレスを感じることが少なくなります。

とはいえ、やらないことリストをつくることに心理的なハードルを感じる方は、多いでしょう。特に、日本人に多い、他人の感情や意見を気にするタイプの人にとっては、難しいと思われがちなようです（この感情面での対策については、6章でくわしく触れます）。

僕自身、リストをはじめてつくったときのことを振り返ってみると、最初は、すぐに「いやいや、これをやらないなんて無理だろう！　やらないといけない！」と思ってしまい、「やらないことリスト」の項目はほとんど増えませんでした。

しかし、小さな成功体験を積み重ねることで、項目を少しずつ増やすことができるようになりました。

僕自身の例でいうと、たとえば、

- **毎日家の近くのコンビニにアイスを買いに行く代わりに、スーパーで箱入りのアイスを買う**
- **スマホを視界から遠ざけて、ついだらだらとSNSを見てしまう時間を減らす**
- **毎日していた電話やビデオ通話をやめ、チャットのやり取りに切り替える**

……といった小さな「やらない」ことに成功すると、少しずつ「やらないことリスト」づくりが面白くなってきました。

まずは「チリツモ」、ゲーム感覚でトライして

それからは、自分のあらゆる行動に対して見直そうと思い、

「これは自分でやる必要があるのか？」

「これはやらないと、さすがにサボっていると思われる…？？」

などと自問したりして、ゲーム感覚でやれるようになりました。

すると、これは本当にチリツモで、自分の時間を少しずつ取り戻すことができるようになりました。やればやるほど、「今までの自分って何だったんだろう」とさえ思ってしまうようになります。

大きなことでなくともいいのです。みなさんも一度、「やらないリスト」づくりにトライしてみてください。

普段の生活で「やらない」ことを見つけてみてください。それによって得られる自由な時間と、その結果生まれる充実感に、きっと満足していただけると思います。

「すべてを自分でやらなければ」という思い込みを捨てよう

やることが山積みで、「全部を自分一人ではできない」とわかっていても、他の人に協力をお願いするのは、なかなか勇気がいるものです。でも実は、一人ですべてに対処しようとすることそれ自体が、他の人に迷惑をかけてしまうこともあります。

他の人からのヘルプが必要だと感じたときは、手を差し伸べてもらうことを躊躇《ちゅうちょ》しないでください。「助けを求めること」は、全然悪いことではありません。他人に迷惑をかけることでも、自分の弱さを見せることでもありません。

それどころか、自分一人では無理だと認めて、周囲に助けを求めることこそが、ダンドリがうまい人の共通点なのです。この後の6章でくわしくお伝えします。

Column

自分時間を朝つくると、その日が充実する

「集中力が続かない」とお悩みの方にお伝えしますが、集中力が途切れてしまうのは、何も自分だけが原因ではありません。周辺がうるさかったり、電話がかかってきたりと、自分の周りのほうが大きな原因だったりします。

そのために僕が実行しているのが「朝の時間」の活用です。効率的に仕事を進めたいなら、やっぱり「朝」はオススメです。朝はだいたい邪魔が少なくて、自分のしたいことに集中でき、頭もスッキリしている時間だからです。

4章で改めてお話ししますが、集中力を最大限に引き出すためのカギは、頭の切り替えのない時間、すなわち「邪魔されない」時間をつくることです。邪魔が入るたびに、集中先の切り替えが必要となり、これにはエネルギーや時間のコストがかかります。この切り替えコストを減らすことは、ダンドリ上手になるために本当に大事なことなんです。

Chapter 3

立ち止まらない自分へ！「行動ブレーキ」の外し方

完璧な返信に迷う？ いや、「早さ」がカギ！

以前、ある若手社員のBさんから、こんな話を聞きました。

Bさんが新入社員のときに、上司からのメールに対し、きちんと打ち返す完璧な回答をしようといろいろと考えていたら、結果、返信がすごく遅くなってしまった。でも、上司は詳細を知ることよりも、なるべく早い返信を望んでいたため、気遣いが裏目に出て、結局、上司に迷惑をかけてしまうことになった。それ以降、Bさんは速やかに返信することの大切さを理解し、行動に移している…とのことでした。

結構、これに似た話はよくあります。

すぐに返信ができない人の特徴として、相手のことよりも、自分のことを気にしている。そんな傾向があるように思います。たとえば、相手が、この上司のように、詳細よりもとにかく概要でもいいので、早く返信がほしいと思っていたとします。

でも、すぐに返信できない人は、相手の希望よりも、自分が言いたいことや言い回しを練ることを優先してしまいます。

他にも、今すぐ返信しようとせずに、後からじっくり考えてから返信しようとして、そのまま忘れてしまう……。そういうケースも、よく聞きます。

相手は、そんなこと気にしていない

今の時代、チャットでサクッとやりとりする人や、倍速で動画を見るような人が増えているので、「ちゃんとした返信よりも、とにかく早く知りたい」「とりあえず、大まかなことだけでも知りたい」と思う人も少なくありません。また、自分が思うほど、相手は言い方を気にしなかったりします。

ですから、まずは、自分のことよりも相手のニーズや思いに配慮して、できるだけすぐに返事をしましょう。この章では、深く考えすぎず、気にしすぎずにサクッと行動に移せる。そんな要領のいい自分になるための方法をお伝えしていきます。

行動を起こすベストタイミングは常に「今」なのです

すべての人が日々の生活の中で「ダンドリ」をしています。しかし、「そのダンドリは、本当に自分にとって必要なのか？」と問いかけることが大切です。

「◯◯を準備してから始める」という考え方は、その準備ができていなければ始められないというパターンに陥りがちです。結果として、本来行わなければならないことが遅れてしまいます。

そこでダンドリ上手になるための原則は、

「これまで行っていたダンドリを手放し、行動を起こしたいと思った瞬間にすぐ行動する！」

たとえば、僕は、本を書いたり、セミナーで話をしたりする際には、「ダンドリ」よりも「始めること」を強く意識しています。始めることの大切さを心に留めると、本当に取り組むと集中力が生まれ、やる気も湧きます。

「やる気が出ないから、なかなか始められない」

と思っている方も少なくないと思います。僕もそう感じることがあります。

「まずはやってみる」で新たな自分へ

でも、実際は、様々な調査結果も示していますが、人は何かを始めるとやる気が出てきます。そして、少しでも進んだり、成果が見えたりすると、さらにやる気が出てきます。つまり、「やる気」や「モチベーション」に左右されるのではなく、始めることからやる気が生まれるのです。

それを実現するためのポイントは「とにかく手を動かし始めること」です。今まで無意識的に行っていたダンドリを手放し、思い立ったらすぐに行動を起こすことが大切です。これを実行しようとすると、今までの「考え方（思い込み）」も捨てる必要があります。

完璧主義者は身動きが取れない
――「それ」を始められない理由

ダンドリがうまくなるためには、「とにかく手を動かし始めること」を前項でオススメしました。

しかし、なぜか多くの人は、このアプローチを難しく感じているようです。それは、自分で自分のことを「要領がよくない」と考えているためかもしれません。

その心理の底には、「完璧主義」が潜んでいるように思います。

ダンドリや時間管理の研修をしていると、多くの人が「特定のこと」にこだわり、無理に完璧を目指す傾向があるように感じます。それによって、無理な努力に追われ、結果として時間がなくなり、自分自身を追い詰めてしまうのです。

または、始める前から徒労感におそわれ、やる気を失っている方もよく見かけます。

「僕たちの普段の会話の文法って、何点くらい？」

これは本当によくあることなので、その一つの例として、僕の知人で、英会話を学んでいる人のエピソードをご紹介します。

この人は、熱心に英語を勉強していましたが、発音や文法を完璧にしようとしすぎるあまり、だんだん英語学習が楽しくなくなってしまったそうです。それでも、「もっと流暢《りゅうちょう》に英語を話せるようになりたい！」と望み、そのギャップに悩んでいました。知人から相談を受けた僕は、こんな質問をしてみました。

「僕らは、日本語のネイティブスピーカーだよね。普段、自分たちが話す日本語を、文法や発音の点から評価すると、何点だと思う？」

僕は普段、自分の日本語会話を文法や発音という観点から評価すると、70点も取れていないと思います（笑）。

あなただって、普段の会話において、完璧な発音や文法を心がけることなんて、ほとんどないのではないでしょうか。それよりも、コミュニケーションが成り立ち、会話を楽しむことを重視していますよね。

僕は彼に、そのことに気づいてほしかったのです。

果たして知人は、僕のアドバイスに意図に気づき、笑い出しました。それ以来、彼は、英語の完璧な発音や文法にこだわらず、70%くらいの出来であればそれでいいと思うようになりました。

すると、驚くべきことに、彼の英語の学習は劇的に楽しく、効率的になったのだそうです。何よりも、彼は英語を話す楽しさを実感し、以前より、自分に自信が持てるようになったということです。

「70点ルール」のススメ

この考え方は、仕事やダンドリにおいても応用することができます。

たとえば、プレゼンテーションの準備を考えてみましょう。

何事も１００％を目指そうとすると、完璧なスライドをつくるために、用意されていた時間を使いすぎてしまい、話す内容を整理したり、練習したりする時間がなくなってしまうかもしれません。それにより、本番で、本当に伝えたいことを伝えきれないという可能性があります。

しかし、スライドの完成度を、１００％のものを目指すのではなく、70％くらいを「ちょうどいい」と見なすと、どうでしょうか。

そうすることで、スライドづくりに捉われすぎず、より重要なプレゼンテーションの内容に集中することができます。

そして、70％の完成度を目指すことで、より効果的なプレゼンができるようになれば、結果として、１００％を目指していたときより、よい結果を生むことができます。

自分が完璧主義の傾向にあると自覚している方は特に、相手が納得できそうな「まあまあ」を目指しましょう。

その目安が「だいたい70点の出来」というわけです。

完璧さよりも、「まあまあ70点」を目指し、とにかく手を動かすことで、「前に進んでいること」に意識を向けることが大切です。

とはいえ他人が関わる場合は、彼らに「ちょうどいい」の基準が何かを聞いてみてくださいね。この考え方はとても大事なので、次のページからより深くお話しします。

相手が納得するなら、自己評価が20点でも「ちょうどいい」

前項で、相手の「ちょうどいい」基準を聞いてみることは大事だ、というお話をしました。ここ、「8割やめる」という本書のテーマで重要になるポイントなので、もう少し深く突っ込んでお伝えします。

実は、相手がいるときは、「相手に満足していただく」というよりは、「相手に納得していただく」ことのほうが重要なのです。極端な話、自分の中で「20点」だったとしても、相手が納得してくれるのであれば、それは十分、合格点なのです。

だから、この「相手に納得してもらえる基準、レベル感」を探っておくことは、とっても大切です。

いったん〝仕事の評価は他人が決める〟と考えるとラク

あなたは、自分に対して、厳しい評価をしてしまうことはありませんか。「これで本当にいいのだろうか？」と不安になることってありませんか。

ただ、自分の評価と他人の評価は必ずしも一致しないものです。

今回は、そんな「自分では20点」と思った瞬間でも、相手には「ちょうどよかった」と思われた、僕の経験談をいくつかご紹介します。

CASE1：プレゼン資料のシンプルさ

準備時間が足りず、各スライドには大きな文字で要点だけをメモ書きしてサボったのですが、そのシンプルさが逆にわかりやすいと、プレゼンを見たクライアントから高く評価されました。

CASE2：1 on 1で偶然起きていた傾聴

クライアントとの1対1の面談のとき、ちょっと疲れていて具体的なアドバイスが出せなかったと密かに反省していたら、なんと、相手から「丁寧に話を聞いてくれてありがとう」と感謝されました。改めて、話を聞くことの大切さを再確認しました。

CASE3：デザインのトレンドと逆行したら!?

ちょっと最近の流行ではないと感じるデザインで制作を進めていたら、ターゲット層から「落ち着いたデザインでいい」という評価をいただいたことがあります。キャッチコピーも、自分の中ではちょっと平凡かもと思ったものが、逆に「シンプルで、製品のメリットがしっかり伝わりやすい」と言われたことも。

自分の中で、20点だと思っていた結果や努力が、他の人からは高く評価されることは、案外あります。大事なことは「相手が求めていることを満たす」こと。もっと言えば「相手が納得してくれる」ことが重要です。シンプルさや基本に立ち返ることなどで、意外と評価される瞬間が訪れます。

仕事の評価は相手がするものです。自分がするものではないので、思い切って評価は相手に委ねて、あなたは自分のペースで進めていきましょう。

ボールはすぐに返し、パスし、とにかく持たない！

僕がこれまで出会った、ダンドリ上手で要領がいい人たちには、ある共通点がありました。みなさん共通して、自分がやらなきゃいけないことや人から頼まれたこと（これを「ボール」と呼びます）を、すぐにパスしているのです。

つまり、自分の手元にボールを持ったままにすることなく、早々と次の人へと渡しているのです。そうすることで、全体の流れがスムーズになります。

あなたのまわりの人達を思い浮かべてみてください。

仕事ができる人や忙しいけれど充実していそうな人ほど、メッセージの返信が速いのではないでしょうか。

では、僕たちもダンドリ上手になるために、具体的にどうしたらいいでしょうか。

それはやはり「すぐに返す」ことです。人から頼まれたことがあったら、できるだけ早く返事をしましょう。たとえそれが小さなことでも、後回しにしてしまうと、どんどんタスクが溜まって、後々、大変なことになります。

次に、「パスする」ことです。自分でできないことは、ためらいなく他の人に頼みましょう。

ボールをパスする際は、やることを分けて、具体的な指示と一緒に、人に依頼することが大切です。また、自分がパスした後のことも考えましょう。つまり、自分がボールを渡した後でも、その依頼したことがスムーズに進むよう、必要な情報や資料を合わせて、伝えるようにしましょう。

「自分一人の戦い」から脱出するために

そして、これが特に大事なことですが、人に頼ることを恐れないこと。人に頼ることによって、自分一人への負担が減るばかりか、全体的にスピードや効率を上げることができますから、いいことずくめなのです。

本書を通して繰り返しますが、特に、「とにかく、がんばろう！」という思いで行動をする人は、何でもかんでも真面目に自分でやろうとします。これはとても尊敬すべき行為なのですが、一度にすべてを抱え込んでしまうことで、結果的に仕事が滞ってしまい、相手に迷惑をかけることにもなり得ます。これは、本当によくあることなので、真面目で完璧主義な人ほど、注意しましょう。

繰り返しますが、とにかくボールを「持ったままにしない」こと。これは、一度にたくさんのことを抱え込まないということです。目の前のことに集中し、すぐに返したり、他の人にパスをしたり、できることからやっていきましょう。そうすることで効率が上がり、少しずつ、やるべきことをこなせるようになってきます。

また、やることを整理し、優先順位をつけられるようになります。

実は、ダンドリに苦手意識のある方は、タスクの優先順位をつけるのも苦手な傾向があります。そこで、優先順位をつけるコツを、次ページでご紹介します。

「選ぶことは、手放すこと」——優先順位をつける方法

思い立ったとき、他のことに手が行き、目的の作業が進まない……。こんな経験はありませんか？

たとえば、年末年始に大掃除を計画通り進めたいのに、つい買い物に出かけてしまい、大掃除が進まないという状況。もしそのような状況に陥るなら、優先順位を明確にすることで、大掃除が計画通りに進む可能性が高まります。大掃除がうまくいかなかった理由は、他のタスクに気を取られてしまったからかもしれません。

ダンドリが得意な人は、優先順位をつけて、上手に進めているイメージはありませんか？

まずは、自分の優先順位を見直してみましょう。

このとき、「優先順位をつける」＝「やることの順番を決める」と思いがちですが、それは、欲張りすぎというか、がんばりすぎです。

大切なのは、「片方を手放す」ことです。片方を選び、それを優先すると、その選択がより重要で、より優先度が高いと言えます。「選ぶのが難しい」と感じるかもしれませんが、まずはどちらかを優先することをトライしてみてください。

そして、「なぜ？」と自問自答すると、自分が納得しやすい優先順位付けができます。

迷ったときは、ベストな選択をするために、〝書き出す〟ことが役立ちます。

❶ 紙の中央に縦線を一本引きます
❷ 左側に、メリット（なぜやるのか）を書きます
❸ 右側に、デメリット（なぜやらないのか）を書きます

これを応用して、左側に「なぜ買い物よりも大掃除を優先するのか？」、右側に「なぜ買い物より大掃除を優先しないのか？」を書き出してみると、どちらが重要なのかが見えてきます。このとき、自分だけでなく、家族やまわりの人々の視点も考えられると、さらに全体を見通した、大局的な答えが得られるでしょう。

　自分自身の視点で考えると、自分が人生で大切にしていることが見えてきます。これこそが、「価値観」といえるでしょう。そうすれば、自分らしい選択ができ、自分の決定に自信を持つことができます。

　基本的には、自分の心と直感に従う勇気が必要です。しかし、恐れていたり、直感に正直に従うことが難しいときがあります。そんなときには、上で紹介した方法を用いて、自分が納得しやすい選択ができるようになります。この方法は、いつでも使えるので、ぜひ試してみてください。

紙に「メリット・デメリットを書き出す」と、判断がラクになる

何か行動を起こそうとするのだけれど、そんなとき、つい、いろいろ考えすぎてしまって、なかなか行動に移れない……。そんなことってありますよね。

メリット／デメリットを具体的に紙に書き出し比較するのは、決断をする際に、とても使える便利な方法です。すべてを頭の中だけで考えると、よくわからなくなり、混乱してしまいます。疲れますし、ムダに時間を奪います。一方、思いつくことを書き出すことで、頭が整理されます。プラス面とマイナス面が視覚的にわかりますので、両方を考慮することで、よりバランスの取れた判断ができるようになります。

この方法は、たとえば、家や車など、大きな買い物をするときや、仕事を変えるか

どうか、進学するかどうかを決めるときなど、ライフスタイル上の意思決定する際、複数の選択肢の中から決めるときに、特に有効です。人生は選択の連続なので、いつでも、どこでも使える便利なメソッドなのです。

もちろん、このように大きな選択のときだけでなく、普段のちょっとしたことでも使えます。たとえば、SNSを使うかどうかを迷っているとき。左の図をご覧ください。

こうしてSNSの利用についてメリット・デメリットを書き出してみると、ポジティブな面もあれば、ネガティブな面もあります。基本的には、デメリットを理解した上で、「メリットは捨てがたい」と感じれば、とりあえずやってみる。「でもやっぱり、リスクは怖い」と感じれば、いったんやらないという判断もあると思います。

まずは、自分が決めることに責任を持つことです。責任というと、急に重い言葉のように感じるかもしれませんが、自分のことなので、自分で決めたことに対して、他人のせいにしないというくらいの感じです。もし、やってみて「なんか違うな」と感じたり、「いったんやらないことにしたけれど、やっぱりやってみたいかな」と思ったりしたら、そのときに再度、考え直して、また判断すればいいのです。

図2　紙に「メリット・デメリット」を書き出す

㊙ SNSを使うかどうか迷っているとき

メリット

- 家族や友達と、いつでも、どこにいても、やり取りができる
- 古い友人・知人と連絡を取ることができる
- 同じ趣味を持った人たちとつながれる
- 普段の生活では会えない人たちとつながれる
- 人脈がつくれる
- あまり連絡を取っていない知人の現状を、多少知ることができる
- ニュースや情報に、簡単にアクセスできる
- オンラインゲームなどエンタメが楽しい
- 企業の製品やサービスの販売で使える

デメリット

- 個人情報流出など、プライバシーに関する懸念がある
- アカウントが乗っ取られるリスクがある
- 不用意な発言や失言で炎上することがある
- ネガティブなコメントや誹謗中傷に遭遇するかも
- 依存して時間を使いすぎてしまうかも
- SNS上で見せる自分と現実の自分とのギャップに苦しむかも
- オンライン上の「いいね！」や「フォロワーの数」に一喜一憂して疲れるかも
- フェイクニュースや誤った情報の影響を受けるかも

「最初の判断」にとらわれない——僕の中国語学習の場合

僕の場合、何年も前のことですが、中国語はこれから仕事でもプライベートでもますます使える言語だと思い、メリットのほうが多いので、学ぼうとしたことがあります。ただ、勉強しはじめてみると眠くなり、「仕事が忙しい」とか言い訳をして、1〜2カ月で止めたことがあります。

そして、実はこれは1回だけではありません。毎年、春になると中国語の学習番組がテレビやラジオで始まるので、3月になるとどうしようかと考え、テキストなどそろえるも、結局、すぐにあきらめる……。そんなことが通算、3〜4回ほどあったのです。

面白いことに、毎回、見事にゴールデンウィーク前後で中国語学習は終わっていました（笑）。最終的に、中国語を学ぶのはいったんやめました。

その〝目標〟は何のため？

自分が中国語を学びたい動機を改めて考えてみたとき、もっとも大きかったのは、「仕事や旅行中とかで、中国語話者と、自分でコミュニケーションを取りたい」というものでした。

ただし、それは複雑な会話が必要だったわけではなく、大まかな意思疎通ができれば十分、というくらいの思いだったのです。そのため、「じゃあ、翻訳アプリを使えばいいや」と判断し、中国語の勉強をやめることにしました。

僕の場合は、最終的にあきらめちゃいましたが、自分の判断でやめているので、後悔もなく、納得しています。

これは何をお伝えしたいかというと、最初の判断がすべてではないということです。計画に変更はツキモノなのです。

ある時点では、その判断は最善な選択肢だったのかもしれません。しかし、状況が変わると、そうではなくなった、といったことは普通に起きます。ましてや、この変化の速い時代です。このようなことは、当たり前に起きると思ってください。

というわけで、何か行動を起こすにあたってのメリットやデメリットを考えるときは、あくまで「今の時点では」ということを常に意識するといいと思います。

「今の時点では」を意識しよう──状況は常に変化する

「今の時点では」を意識するといい、と述べましたが、実はこの視点は、僕が外資系企業に勤めていた頃に、特に心がけていたことです。

本書を通して、また普段も、僕は「その時点では」という言葉をよく使います。その理由は、瞬間瞬間の状況をしっかりと受け止め、変わりゆく状況に柔軟に対応することの大切さを、海外のリーダーたちから学び取ったからです。

僕が経験した、そんなエピソードをご紹介します。

CASE1：急に決まった新製品発表——準備期間は、たった一晩!?

外資系企業の変化のスピードには、驚かされることが多々あります。

ある日、帰宅するタイミングで「明日の夜、時間を空けておいて」という突然の連絡が入りました。競合他社の動きなどに対応するため、新製品のプレスリリースを、急遽、グローバルで同時に行うことになったのです。

「えっ、明日の夜に!?」

当然、驚きや戸惑いはありましたが、その瞬間の状況を受け入れ、取り組むことになりました。

そのときの最優先事項は、情報を間違えず、時間通りに発表することでした。最終的に、完璧とはいえない状態でしたが、必要な情報を伝えることができ、その結果には少しホッとしました。

CASE2：今さらな予算の半減——逆境をチャンスに

仕事を進めていると、思いもよらない逆境に立たされることがあります。その一つが、突然の予算カットです。

ある年の半分が過ぎた頃、突然、「予算を半減するように」と本社から指示が来ました。しかし、計画済みの活動の中には、すでに申込みや支払いを済ませているものもあります。このときはさすがに「今からそんなの無理！」と思い、焦りました。

ですが、「予算カットは決定済み」という事実があるので、仕方ありません。

自分がコントロールできる範囲で、どのように行動すればよいのか——。僕は、その新しい状況下での最適な方法を模索しました。

既存の活動のキャンセル費を払うことも含め、最初の時点での予算をベースにするのではなく、新しい予算の中で最大の効果を得るためのさまざまな方法を考え、試みました。

そして何とかコストを抑え、それなりの成果を出すことができました。

変化を受け入れるコツは「淡々と行動する」こと

突然の変化を受け入れるのは、簡単なことではありません。実際、僕自身、上からの指示があったからこそ、半強制的に変わらざるを得なかったというのはあります。

ただ、こういった経験から僕が学んだことがあります。

「状況が変わったという事実は避けられない。だから、そのとき、その場で、最善を尽くすこと」が大切だということです。

基本的に、逃げられないし、文句を言ったところで時間のムダなので、淡々と行動することが大切だと思います。

常に状況は変化します。そのため、新しいこと、つまり、その時々の新たな状況に対する柔軟さや、その時点でのクリティカルなことだけを確実に行うマインドが重要です。

変化に挑戦しましょう！　変化はチャンスです。自分はきっと変化をプラスに変えられると捉え、自分のペースで進めていきましょう。

どこから手をつけていいか わからないときの対処法

やらなければならないことが山積みで、何から始めればいいか迷ってしまい、僕のところに悩みを相談に来られた、Cさんというクライアントのお話をします。

Cさんは自分の仕事に追われ、1日が24時間では足りないと感じる日々を過ごしていました。Cさんのパソコンやスマホには、締め切りが迫る仕事やお客様からの要望が、次々と入ってきます。そんな状況で、自分のキャリアやスキルアップについて考える余裕などありませんでした。

その結果、日々の雑務やメールの返信まで遅れたり滞《とどこお》りがちになり、真面目なCさんのストレスはピークに……。

そんなCさんに僕が提案したのが、「アイゼンハワーの箱」という方法です。これは、やるべきことを4つのカテゴリーに分けるというダンドリの手法です。

1 すぐやるべきこと：緊急かつ重要なもの。すぐにでも取り組まなければならない作業。

2 あとでやるべき大事なこと：緊急ではないが、重要なもの。自分の成長や長期目標に寄与する作業。

3 他の人に任せること：緊急だが重要ではないもの。他の人に頼んでも問題ない作業。

4 やらなくていいこと：緊急でも重要でもないもの。これをやっても成果には結びつかない作業。

たとえば、「すぐやるべきこと」は、今日中に提出しなければならない報告書の作成。「あとでやるべき大事なこと」は、来週のプレゼンテーションの準備。「他の人に任せること」は、明日の会議の資料の印刷。「やらなくていいこと」は、SNSで見つけた面白そうな記事を読むことなどが該当します。

図3　「アイゼンハワーの箱」の具体例、仕事の場合

	重要	重要ではない
緊急	**❶ すぐに行う** ・すぐに提出しなければならない報告書の完成 ・重大なエラーが発生したサーバーの修復 ・顧客からの緊急の問い合わせに対する回答 ・明日の重要な会議の準備 ・期限が迫った税金の申告作業	**❷ スケジュールに組み入れる** ・自分のスキルアップのためのオンラインレッスンへの登録 ・長期的なプロジェクトの計画立案 ・チームのスキルアップのための研修プログラムの開発 ・ネットワークのセキュリティ強化のための新システム導入計画
緊急ではない	**❸ 他の人にお願いする・任せる** ・資料作成のためのデータ収集 ・社内の一般的なITトラブルの対応 ・チーム内のスケジュール調整 ・経費の申請と精算 ・一部のメールの返信	**❹ やらなくていい（無視する）** ・SNSのチェック ・無関係なウェブサイトの閲覧 ・一部の雑談 ・意味のないミーティング ・情報過多のニュースのチェック

「大切なこと」に目を向ける一歩

日々のタスクをこの４つのカテゴリーに分けることで、Cさんは、自分が何から始めればいいのかを明確にすることができました。仕事はスムーズに進み、時間も有効に使えるようになりました。そして、余計なことをやめて、本当に大切なことに時間を使えるようになったのです。

この図を使って、何を優先すればよいのかがわかると、Cさんは自信を持って行動できるようになりました。

とはいえ、すべてが思った通りに進むわけではありません。そんなときこそ、状況に合わせて次に何をすべきかを柔軟に考え直すことが大切です。

ただでさえ、たとえ何もしていなくても、現代人である僕たちの周りには情報があふれています。そんな中で、本当に大切なことを見極め、そこに目を向けられるようになりたいものですね。

タスクを「フィルタリング」する

仕事や生活、何もかもが山積みで、どうにかなりそうだと感じることはありませんか？

僕たちには、毎日、さまざまな役割や責任があり、一つでも手を抜けない、全部こなさなければならないというプレッシャーを感じることもあると思います。しかし、すべてを効率的にこなすことは容易なことではありません。

ここで、そんな困難な状況を変えてくれる、最小労力で最大効果を上げるテクニックをご紹介します。それが、「ECRS」（イクルス）という考え方です。

「ECRS」とは、Eliminate（削除）、Combine（結合）、Rearrange（並べ替え）、Simplify（簡

素化）の頭文字を取ったものです。

これまでのやり方に対して、この4つのステップ（削除→結合→並べ替え→簡素化）を行うことで、より効率的に作業に取り組むことができます。

ただ、ここで注意が必要なのは、やり方を変えることは容易なことではないということです。結構しんどかったりします。

しかし、この4つのステップさえ実践すれば、確実に効果は得られます。そのため「絶対、ラクをしたい！」「自分の時間を持ちたい！」という強い思いを持って、取り組むことをオススメします。

一度にすべてを変える必要はありません。小さなステップから始めて、徐々に取り入れてみてください。最初は少しずつでも構いません。一歩踏み出すことでその効果を実感し、次に進む力につなげることができます。

目指すは「最小労力、最大効果」

では、研修で参加者の方からよく聞く例をいくつか、ご紹介します。

図4　効率化を進める「ECRS」の4原則

1	削除	Eliminate	価値や意味がないと思うことを見つけて、それをやめる
2	結合	Combine	関連性のあるものは1つにまとめ、関係ないものは別にする
3	並べ替え	Rearrange	作業の順番や場所を変えたり、使用するツールを変えたりする
4	簡素化	Simplify	複雑なものを単純化して、簡単にする

削除：意味がない会議をやめる、引き出しの中身を断捨離する、使わないサービスを解約する、何となくやっていた情報収集をやめる、など

結合：用事をまとめてする、個別ではなくグループチャットで送る、書類を種類ごとにまとめる、など

並べ替え：会議の配付資料を会議前にメールで配付する、午前と午後の仕事の内容を変える、夜寝る前にスマホを見ずに本を読む、など

簡素化：繰り返し作成する資料やメールはテンプレート化する、オンラインサービスを使う、簡単なつくり方に変える、など

たとえば、Dさんは仕事で疲れ切っていたある日、通勤ラッシュの人混みに耐えられなくなり、思わずタクシーに乗ってしまったそうです。その後、Dさんは通勤時間を早め、人混みを避けることにしました。

これは「並べ替え」の実践例です。この結果、Dさんは体力だけでなくメンタル面での疲れも減ってきて、以前より仕事に集中できるようになったそうです。

「ECRS」を生活の中で意識し実行することで、時間をより有効活用することができ、自分の生活が大きく変わっていきます。「シンプル・イズ・ベスト」です。この洗練されたシンプルさが、ムダやミスを減らすのです。

最後に、「ECRS」は仕事だけでなく、プライベートでも役立つ考え方です。何かを始める前やスケジュールを立てる前に、ぜひこの4つのステップを実行してみましょう。繰り返し行うことで、身のまわりの物事がシンプルになり、あなたは、どんどん身軽になっていきます。

「何となく」の迷路から脱出！ ――まずは「ゴール」を明確に

一生懸命取り組んだにもかかわらず、「やり直し」を言い渡されたときのショック。きっとあなたも一度や二度、このような経験をしたことがあるのではないでしょうか。時間がただ過ぎ去っていくだけで、「これまで一体何のためにがんばってきたんだろう？」と落胆する瞬間、ありますよね？　確かに、自分がきちんと確認しなかったのも原因の一つかもしれませんが、「はじめから言ってよ！」と怒りたくもなります。

しかし、なぜこのようなことが起きたと思いますか？　それは、目標としているゴールが曖昧《あいまい》だったり、誤ったりしたからなんです。

でも、安心してください。この困難から脱出する方法があります。

それが「逆算思考」による目標設定です。ゴールはあなたの光る星。それが示す方向に向かっていくだけで、あなたの道筋は自然と見えてきます。

「逆算思考」の具体例――新歓の幹事をする場合

「目標を逆算する」って何？　と思うかもしれません。それは、ゴールを最初に定め、そのゴールを達成するための手順を逆からたどるという方法です。

たとえば、あなたが、仮にですけど、新入社員の歓迎会の幹事を任されたとしましょう。どんな準備が必要だと思いますか？

「いつ、どの店で、何時からやるのか？」「誰を呼ぶのか？」「どんな挨拶や余興をするのか？」「予算はどれくらい必要なのか？」など一つひとつ細かく考えていきますよね。そしてそれらの要素から、具体的に何を準備すべきかをリストアップします。

これが「逆算」の考え方です。これを使えば、あなたは「何をしたらいいのか」悩む時間が減り、目標に向かってスムーズに進むことができます。

だけど、どんなにがんばったとしても、目標やゴールがはっきりしていないと、何

図5　目標設定に役立つ「SMARTゴール」

S　Specific（具体的に）
M　Measurable（測ることができる）
A　Achievable（達成できる）
R　Related（目標に関係している）
T　Time-Bounded（時間に区切りがある）

をすべきか、どのくらい時間をかけるべきか、その答えは変わってしまいます。だからこそ、ゴールを明確にすることが重要なんです。

そこでオススメなのが「スマートゴール」です。

「スマートゴール」でダイエットもラクラク

「スマートゴール」、この言葉を聞いたことありますか？「スマート」って言葉、なんだかカッコいい印象があるかもしれません。

これは英語で「SMART」ですが、「具体的」「測定可能」「達成可能」「関連性がある」「時間制限がある」を表す5つの単語の頭文字を並べたものです。

この5つの要素を入れてゴールを設定することで、最終的に達成したいことが具体的かつ明確になります。

ゴールを明確にすると、逆算がしやすくなります。スマートゴールは、あなたが夢を達成するための強力な羅針盤なのです。

誰が見ても「やること」がわかりやすい

「スマートゴール」を使った思考の例を挙げてみましょう。

「ダイエットしよう！」と決めたとき、「どれくらいやせたいのか」を考えますよね。

たとえば、「5キロやせたい」としましょう。そうしたら、それを「1カ月に1キロやせる」などと具体的に分解します。さらに、「1週間に0・25キロやせる」と、さらに具体的な小さな目標を設定します。そして、そのためには、毎日の食事や運動の計画を立て、それを実行していきます。たとえば、「毎日5キロ歩く」などです。

すべてを組み合わせると、「僕は毎日5キロ歩いて、5カ月後の3月末までに体重を5キロ落とす」って感じになります。

これなら、誰が見てもわかりやすいですよね。

「とにかく、がんばろう」ではなく、明確なゴールを設定して、逆算して、しっかりと計画を立てることで、最短で目標を達成できるようになるのです。

約束こそが、あなたを緊張させ、必死にさせる！

たとえば、明日、友だちとランチの約束をしたとします。あなたは、電車の時間を調べ、起きる時間や午前何をするかを考え、友だちが待っている場所に時間通りに到着するための計画をしますよね。これは、僕たちが普段、当たり前のこととして普通に行っていることです。

しかし、自分ひとりのための時間を計画することは、難しいですよね。「後でやろう」「まだ時間があるから大丈夫」と、ついつい先延ばしをしてしまいます。

先延ばしグセに悩む人は、あなただけではありません。自分ひとりの意志で、先延ばしをせずに、今すぐやろうとするのは、誰にとっても大変なことなのです。

では、どうしたら自分の行動を促す「やる気スイッチ」を入れられるでしょうか？

手っ取り早いのが、目の前の人との約束です。誰かと約束をすることで、自分ひとりでは、なかなかやる気が出なかったことも、行動に移すことができるのです。

たとえば、これまで自分一人ではなかなか始められなかったジム通い。自分一人ではなかなか始められなかったけれど、友人と一緒に始めたら、スッと行動に移すことができた。こんな経験はありませんか？

誰でも、最初の一歩を、自分の意思で踏み出すのは難しいものですが、誰かと約束することで、約束を果たすために行動を始めようという意欲が生まれます。

この「約束のパワー」を、ダンドリにも使わない手はないと思います。

人は約束に合わせて仕事を始める

なぜ、約束をすると行動する力が生まれるのでしょうか。

実は、僕たち人間には、「自分が一貫していると思われたいし、思いたい」という心理があるのです。また、約束を果たそうと思うと、自分の言ったことに合わせて、考えたり行動したりする心の働きも期待できます。

これが、「約束を守りたい、果たそう」というエネルギーにつながるというわけです。相手からの期待を感じ、その期待に応えたいという気持ちが、行動を促してくれるのですね。

やりたいことを口にする「意外な効果」

また、約束をするというのは、誰かに自分の計画を話すことでもあります。たとえば、「私、自分のお店を持ちたいと思っているんだよね」とか、「僕、そろそろ独立しようと思っているんです」といった具合に、自分の考えを伝えることで、それがきっかけとなり、他の人から、役立つ情報やアドバイスをもらえることがありますよね。これがまた、行動を前に進める原動力につながります。

ありがたいことに、「話すだけ」で周りの人から助けていただけることもあるのです。

約束は、あなたが先延ばししそうになったり、行動することに躊躇したり、不安になったりしたとき、そっと背中を後押ししてくれる心強い味方です。どんどん約束をして、やる気スイッチを入れましょう。

Column

依頼から執筆スタートまで1年!?
この本ができるまで

この章で「最初の一歩を、自分一人の力で踏み出すのは難しい」と述べましたが、実はこれ、ダンドリの本を書いている僕にとっても、決して他人事ではありません。

僕自身、本の発売日を確定させなければ、なかなか動き出すことができませんでした。発売日を決めずにいたら、なんと出版社から依頼を受けて最初の打ち合わせをしてから、あっさり1年以上もの月日が経過してしまったのです！（本当にごめんなさい）。

そこで、編集者さんに頼んで、具体的な本を出版する日付を決めてもらい、締め切りまでに書くことを約束しました。そうしたら、いい意味で、「このままズルズルと先延ばしにするのはよくない。やろう！」という気持ちになりました。

また、その期日が迫るにつれ、まだ終わっていない原稿への焦りと、約束を守らなければという気持ちから、自然と行動力が湧き上がり、幸いにも、そこから2カ月ほどで原稿を書き上げることができました。

誰かと約束し、締め切りを設定すると、自分一人ではなかなか動き出せない行動に対する、適度なプレッシャーを感じることができます。これが、一歩を踏み出すきっかけになります。

最後に、ダンドリとは違うかもしれませんが、行動に移すきっかけをつくるという意味では、「夢や、やりたいことを実現したいなら、どんどん口に出して宣言しましょう」という話も、相手と約束する力を利用したメソッドの一つなのかなあと思います。

Chapter 4

「切り替えのコスト」を見直し、ムダを省く

タスクを行きつ戻りつしていたら、誰だって疲れる

「あれもしなければ、これもしなければ……」と思い、複数やることを抱え、せわしなく動くことってあると思います。

でも、そんなとき、あなたは急に集中力が切れて、

「あっ、疲れた……」

「もうこんな時間になっている……」

「あれ？　思ったより進んでいない……」

といった経験はありませんか？

これは、「切り替え」の多発が関係しているかもしれません。

切り替えとは、一つのことから別のことに意識や行動を変えることです。

何か一つのことをしているときに、別のことに移ろうとすると、僕たちはストレスを感じ、時間とエネルギーを必要とします。切り替えが頻繁《ひんぱん》に起こると、頭が必要以上に疲れ、集中力が落ち、作業がはかどらなくなります。

休む間もなく次から次へとやることをこなしていると、かなり疲れますよね。これは、あなたが「切り替えのコスト」を払っている結果なのです。

僕らが知らぬ間に支払っている「大きな代償」

切り替えが増えると、ミスも増えます。タスクを頻繁に切り替えている人は、ストレスや不満を感じやすくなります。

実際、海外の研究では、仕事を頻繁に切り替えていると作業のムダが増え、たとえわずかな中断でも、作業負荷やプレッシャーがシングルタスクのときより増えるとの報告があります。

確かに日常生活の中では、ある程度の切り替えは避けられません。

しかし、僕たちは普段、自分がどれだけの切り替えコストを支払っているのか、その自覚が足りていないと思うのです。

僕たちが思っている以上に、この切り替えコストは莫大なものです。

たとえば、メールを読んでいるときに、電話が鳴るとします。あなたはメールを中断して、電話に出ることにしました。

このとき、どこまでメールを読んだのか、どんな内容だったのかを覚えておく必要があります。そして、電話が終わった後、再度メールを読み直します。

これらは、電話が鳴らなければ、本来、必要のなかった作業です。

普段、僕たちは、このような切り替えを普通にやっていますが、実は、気づかぬうちに、そのたびに「切り替えのコスト」を支払っているのです。

たとえ単純で簡単な作業でも

ほかにも、何かをしているときに、テレビが気になったり、ＳＮＳに目が行ったりすることがありますよね。その後に元の作業に戻っても、集中力を先程と同じレベルに戻すのは、簡単なことではないはずです。これも切り替えの例です。

たとえ子供でも難なくできるような簡単な作業であったとしても、切り替えが頻繁に起こると、とたんに効率が下がります。そのため、ムダを減らし、効率を上げるためには、どうにかして切り替えコストを抑える必要があります。

「ブラウザのタブは一つだけ」——マルチタスクをやめるには

僕たちは、以前と比べ、一度に多くのことをこなす、いわゆるマルチタスクをすることが増えたと思います。

たとえば、「料理しながら音楽を聞く」「チャットしながら動画を見る」「ゲームをしながらSNSをする」「掃除しながら電話で話す」などです。ある意味、それは日常の習慣になってきています。

仕事においても、たとえば「オンライン会議中に、メールをチェックする」「会話をしたり講義を聞いたりしながら、確認したいことや知らない言葉を、その場ですぐにスマホで調べる」といった、「一度に複数の仕事を同時にこなす」ことは、今やごく当たり前のことになっているのではないでしょうか。

しかし実は、こうしたマルチタスクは、僕たちのパフォーマンスや脳にネガティブな影響を与えることがわかっています。

マルチタスクをすると、僕たちの脳はタスクを切り替える必要があり、これが、非常に脳に負担を与えるのです。また、エラーやミスにつながることもあります。

つまり、切り替えコストが発生しています。

表向きには、同時にタスクをこなしているように見えますが、実際には頭の中では、タスクの切り替えを大急ぎで行っているに過ぎないのです。その「切り替え」のたびに、実は大きなエネルギーの浪費が起こっています。

マルチタスクでIQが低下!?

マルチタスクは実際に僕たちの生産性やパフォーマンスを低下させる可能性があります。これを証明する実験もあります。

カリフォルニア大学アーバイン校の研究によると、マルチタスクをする人は、一度に1つの仕事に集中する人に比べて、最大40%程度、作業効率が落ちてしまうという報告もされています。

また、他の大学でも、マルチタスクがＩＱの低下やストレスレベルを上げるなど精神的・身体的問題につながるという報告もされています。


たとえば、身近な例だと、たくさんのアプリを同時に立ち上げていたり、ブラウザのタブをたくさん開いていたりする方。そんなケースも同様です。

以前、ブラウザのタブを50個近く開いている方から「見てください、すごくないですか？」と自慢されたことがあります。

「(何がすごいんだろう……？)」

正直どう答えようか戸惑いましたが、思い切って、聞いてみることにしました。

「どのタブが何の内容か、わかってます？」

「わかんないです！」と元気に応える明るい方だったので、

「それはよくないですよ。仕事の効率を落とすから、タブはできるだけ開けないほうがいい」

と、ストレートに言っちゃいました。

シングルタスクのほうが、実はずっと効率的

なぜ、ダンドリがよくない人は、こんなにタブを開いてしまうのか……。その謎が解けたのは、行動力のある活発的な方から「ブラウザのタブをたくさん開けていると、仕事をやっている気になるけど、思ったより進んでいない」という相談があったからです。

この方は、「あれも気になるこれも気になる」ということだったので、「シングルタブで、タブをまったく使わない使い方にしてください。いったん大量のタブを使うクセをリセットしましょう」

そのようにアドバイスしたことがあります。

そのやり方は、この方には向いていたようです。これをきっかけに、シンプルに作業をされるようになりました。その後は、適度な複数タブのみを使って、効率よく仕事しておられるそうです。

次の項目では、具体的に、マルチタスクの習慣を断ち切る方法を紹介します。

「集中せざるを得ない状況」をつくる

僕たちはつい、マルチタスクをしてしまいます。「あれもこれも手をつけたい」「もっとうまくこなせたら」と思うと、気づかないうちに自分の時間とエネルギーを分散してしまいます。そんなあなたに、マルチタスクを断ち切り、自分のペースで一つひとつのやりたいことを達成するためのアイデアをお届けします。

❶ 自分が気が散る原因を見つける

まず、何があなたの集中力を奪っているのかを見つけましょう。SNSやメールの通知、周囲の騒音など、自分を乱す要素は人それぞれです。

そして、気が散るものが何なのかわかったら、それを遠ざけましょう。散らかったデスク、騒々しい場所、SNSの通知……。これらがあなたの「敵」だとわかったら、できるだけ遠ざけてください。仕事や勉強は静かな場所ですると決める、SNSの通知をオフにするなど、自分に合った方法を試してみてください。

2 20分ルールを設ける

何かをするとき、一つのことに決められた時間だけ集中し、その時間が過ぎたら次のことに移る「20分ルール」を設けてみましょう。これは、「時間を区切ることで集中力を高め、無理なくやりたいことをこなす」という方法です。

時間の長さは、自分に合った時間を設定してください。長すぎると他のことに気を取られやすくなるので、個人的には30分以内がオススメです（このときタイマーを使うと、さらに集中しやすくなります）。集中した後は、休憩を取りましょう。

3 同じ種類の作業をまとめて行う

たとえば、メールチェックをちょくちょく行うより、まとまった時間で一気にチェックし返信などするほうが、効率が上がります。また、同じ業務や似ている作業をまとめて処理すると、準備を行う手間が減ります。たとえば、何かを書くとか、入力するとか、企画するとかは、それぞれをバラバラに行わずに、連続して処理するようにしましょう。

4 思いついたことはすぐにメモする

今やっていることとは関係ない、他のことについて思いついたり、アイデアが浮かんだりしたときは、すぐにメモを取っておき、後でそれに取り組む時間を設けるのもオススメです。これにより、今、取り組んでいることにグッと集中しやすくなります。

マルチタスクはまるで中毒のようで、簡単には止められないかもしれません。ですが、一度に1つの仕事に集中することで、仕事の効率が上がり、タイパがよくなります。結果的には、より多くの仕事をこなせるようになります。今日から「一点集中派」になって、自分のペースで一つひとつ、やりたいことを達成しましょう。

「切り替え」の数を減らし、本来の力を引き出す

仕事をしているときに、友だちからのメッセージが入ったり、ＳＮＳの通知が来たりすることがあると思います。そんなとき、ついついそれらに手が伸びてしまうこと、ありませんか？

他にも、たとえば何か調べ物をしていたら、ついつい関連するページを開いていって、タブがたくさん……とか。

もしくは、書類を読んでいる最中、お客様から電話がかかってきた。電話を終えて読み物に戻ると、それまでの内容を忘れてしまって、再び最初から読み直すとか。

他にも、予定外の訪問営業、後輩からの突然の質問、「今？」と思ってしまいたくな

るタイミングでの上司からの進捗《しんちょく》確認……などなど、思わぬ中断のきっかけはそこらじゅうにあり、時に僕らは、自分の作業を止めざるを得なくなります。

こういうことは、みなさんよくあることです。

とはいえ、あれをやったりこれをやったりと、やることを頻繁に切り替えると、あなたが思っているよりも効率が落ち、時間がかかります。しかも疲れます。

無理なくスムーズに仕事を進めるためには、切り替えをいかに抑えるかが重要です。

まずは、「どのような状況で、やることの切り替えが起きているのか?」を振り返りましょう。それを踏まえて、切り替えを抑えていくことを目指しましょう。

ここでは、今すぐできる、切り替えを抑える方法をいくつか紹介します。

「切り替えコスト」を減らす6つの方法

❶スマホとPCの通知をオフにする

作業中に何度も通知が来て作業が中断された経験がある人も多いでしょう。そのたびに集中力が切れてしまい、一からやり直す必要があるため、時間のロスにつながってしまいます。

ものすごく簡単なので、ぜひまず最初に試してほしいのは、スマホやPCの通知を切ることです（緊急の連絡には対応できるように、電話の着信音だけはオンにしておきましょう。それ以外の通知を、すべてオフにします）。

また、スマホを物理的に視界から外すことも効果的です。引き出しに入れたりカバンの中にしまうなどして、自分の視界に入らないようにしてください。

2 メールをチェックする時間を決める（それ以外はチェックしない）

仕事内容やチームとのコミュニケーションの特性にもよりますが、メールやアプリをチェックするタイミングを1日に2〜3回に制限してみましょう。

するとグッと脳の切り替えが減り、目の前の作業に集中しやすくなります。たとえば、朝の始業時、昼休み後、終業前の3回に限定します。こうすることで、それ以外の時間は仕事に集中することができます。

もし「自分には仕事で重要なメールが来るから、それは難しい」と感じる方には、次の方法をオススメします。

来たメールをパッと見て、緊急で重要なメールだけ、即レスをする。それ以外のメールは、決まった時間にまとめてちゃんと内容を読んで、返信をすることです。

❸ 自分だけの「がんばるタイム」を設ける

「がんばるタイム」をご存じでしょうか。これ、自分の「やりたいこと」や「やらなければいけないこと」に集中できる時間のことです（これは、トリンプ・インターナショナル・ジャパン株式会社の元社長、吉越浩一郎さんが考案された仕組みだそうです）。

話しかけられたり、電話がかかってきたりといった、外部からの割り込みを、一切受けない時間を設けることで、自分のことだけに集中できます。これにより、効率よく作業を進めることができ、ストレスも減ります。

この時間帯を邪魔されないように、あらかじめ、周りの人にも理解と協力を求めておきましょう。

たとえば、午前10時から12時までを「がんばるタイム」と設定し、その間は自分の重要な仕事に専念する。周囲にも、その時間は話しかけないでほしい、などと伝えるといいと思います。

4 「もくもく会」を開催する

これは、「一人だと集中できない」を解決する、とてもいい方法です。

「もくもく会」とは、他の人と一緒に、でも黙々と作業や勉強をする会のこと。誰かと一緒にやることで、適度な緊張感が生まれ、集中力が高まります。

最近では、ウェブ会議ツールを使って、在宅やリモートでも「もくもく会」を開催する人が増えています。自分一人で集中するのは大変ですが、他人と一緒に作業することで、集中力が持続できるのです。

5 集中できる環境を整える

デスクまわりにあるものが気になったり、話し声や周りの音がうるさかったりすると、なかなか集中できません。そのため、デスクまわりを整理整頓したり、集中力を削るものを減らすことが大切です。

また、他にも、邪魔されず、静かな場所で作業をするのもオススメです。オフィスであれば会議室、自宅であれば寝室や自分だけの空間、あるいは図書館などの、集中できる環境で作業をするのがよいでしょう。

ちなみに、僕の研修の参加者の方で「トイレの中」という人もいました。本当に人それぞれだと思います。

6 適度な休憩を取る

次から次へとやることが降ってきて、それに振り回され、休む間もない状況は、身体にも精神にもよくありません。自分自身で休憩を取ることを意識し、リフレッシュしてから再び集中することが大切です。

また、疲れていると集中が続かず、切り替えが起きやすくなります。そうならないように、普段からしっかりと睡眠を取ること、バランスのよい食事、適度な運動など、心身の健康を保つことを意識しましょう。

これらのことを試してみることで、切り替えコストを減らし、より効率的に、そしてストレスなく日々の生活を送ることができます。あなたの「本当の力」を発揮し、毎日を充実させましょう。

「タスク置き場」をつくりなさい

毎日、「あのメール、どこかな」「あのメモ、どこにいったかな」「あのファイル、どこに保存したかな」「あの書類、どこにしまったかな」といった感じで、物や情報を探すのに時間を使っていませんか？　この「探す」時間は、思っている以上に、僕たちの時間を奪っています。

それは無意識のうちに行っていることだからこそ、気づきにくいのです。一日に何回も探すことがあるかもしれません。

厳しいことを言いますが、この「探す」時間は、何も生み出さない時間です。

しかし特に忙しいときほど、必要な情報や資料がどこにあるのかわからず、探す時間が増えてしまうから厄介なのですよね……。

そんなムダな時間を減らすためには、「タスク置き場」をつくるといいでしょう。

タスク置き場とは、やらなければいけないことや作業、それに関連する情報や資料が保存・管理されている場所のことです。To Doリストや手帳、メールやチャットメッセージ、机の上や引き出し、棚、鞄など、すべてが、「タスク置き場」になります。そして、普段から「タスク置き場」以外には置かないクセをつけるのです。

しかし、このタスク置き場が多すぎると、仕事がスムーズに進まなくなることがあります。以下に、そのような状況の例をいくつかご紹介します。

□ 必要な道具が見つからず、探すのに時間がかかり、最終的には買いに行かなければならなくなった

□ 以前、教えてもらったはずの情報が見つからず、仕事が進まなくなった

□ 参考にしたウェブサイトをブックマークしていなかったため、再度探すのに手間と時間がかかった

□ どこかに書き留めていた約束の時間のメモが見つからず、困った

□ 事前に調べた情報のメモをなくしてしまい、不確かな記憶に頼るしかなかった

□ 支払いに必要な書類や口座番号が見つからなかった

□ 必要なものを買い忘れたり、余計な買い物をしてしまった

□ 出かける直前になって、必要なチケットや書類を急いで探すことになった

□ 予約したけれど、予約番号や確認メールが見つからず、焦った

僕たちがダンドリが苦手と感じるとき、上記のようなことが結構あります。物事をスムーズに進めるためには、できるだけ、「タスク置き場」を1カ所にまとめることです。いろいろな場所に必要なものや情報を置いたりしてしまったりすると、自分でも何がどこにあるのかわからなくなり、結果的に探す時間が増えてしまいます。

したがって、必要な情報を素早く簡単に見つけるためには、すべてのタスクを1カ所にまとめることが理想的です。

1ヵ所にまでしぼるのは難しくても、できるだけ「タスク置き場」の数を減らすことで、探す時間を減らし、仕事をスムーズに進めることができます。

あなたはいくつあった？タスク置き場を見直そう

まずは、以下の表を参考に、あなたの現状、つまり今のタスク置き場の数を数えてみましょう。

いくつありましたか？　僕は自分のセミナーや研修で、受講生の方にタスク置き場の数を毎回聞くのですが、その方の仕事の場合や職種によって数は変わってきます。たとえば、経理や総務などの事務系の方だと、数十個あったりする方もいます。管理職の方や営業の方だと10個以内の方もいます。

大事なのは、自分の今のタスク置き場の数を把握し、その数を減らすことで、不必要な探し回る時間を減らせないかを見つけることです。

図6 「タスク置き場」を見直してみましょう

デジタルデータの保存場所

タスク置き場	数
メール（受信箱、送信箱、下書きなど）	
ToDoリスト（メール、メモ帳、Wordなど）	
クラウドストレージ（Googleドライブ、OneDriveなど）	
パソコン（デスクトップ、各フォルダ）や端末（スマホ、タブレット）	
コミュニケーションツール（Slack、Teams、LINEなど）	
その他アプリやソフトウェア	

アナログ・物理的な保管・保存場所

タスク置き場	数
ノートや手帳	
スケジュール&カレンダー	
メモ用紙やポストイット	
ファイルやフォルダ	
箱やボックス	
棚や机のまわり	
床の上	
バッグや財布の中	
ホワイトボード	
自分の頭の中	
他の人（同僚、秘書など）	
自宅の中	
シャツやパンツのポケット	

紙は「捨てる」、デジタルは「残す」
——タスク置き場をつくるコツ

それでは、タスク置き場をつくるときのポイントを、いくつか紹介します。

❶ 自分に合ったタスク管理ツールを見つける

タスク管理ツールには、シンプルなメモやリスト作成だけのものから、プロジェクトを管理できるようなシステムまで、さまざまなものがあります。自分のニーズや個性に合ったものを選ぶことが重要です。

ここで背伸びして、高機能すぎて操作が難しいものや、使いこなせない最新のツールを選んでしまうことは、失敗のもとです。

何か新しいものを使ってみようと思ったときは、とにかくシンプルで、スマホやパソコンから使えるクラウドサービスをオススメします。

2 ラベルやタグ・キーワード、フィルターを活用する

タスクや関連情報を素早く見つけられるようにします。フォルダ管理やクリアファイル、ラベルを用いて一定のルールに従って分類や整理を行う方法がありますが、デジタル化を意識して、連想しやすいキーワードやラベル、タグ付け、フィルターなどを使って検索しやすい管理を心がけましょう。

3 タスク置き場を減らす

「不必要に探す」という時間のムダを減らす基本的な考え方は、作業をするときに必要なものは、すべて一箇所にまとめておくということです。前述した通り、タスク置き場を減らすのが重要なポイントです。状況や作業内容などによって必要なタスク置き場の数は変わりますが、なるべく一桁に抑えることを目指しましょう。

4 最初は小さく始める

やることが多いと、すべて整理するのに時間がかかります。そのため、まずは最優先にやらないといけないことから整理しましょう。そのうえで、タスク置き場に慣れながら、ムダや探す時間を少しでも減らすことに集中しましょう。

5 捨てていいのか迷ったら、アナログは「捨てる」、デジタルは「残す」

タスク置き場を減らそうとすると、捨てていいのかわからない書類やデータが出てきます。その際は、アナログかデジタルかで処理を分けてください。僕としては、以下のルールがオススメです。

アナログの場合は「迷ったら、スキャンして捨てる」。デジタルの場合は「迷ったら、残す」です。

紙は、貯めれば貯めるほどモノが増えて非効率なんです。そのため、できるだけ紙は減らすほうがいいです。ただ、ポンポン捨てるのは怖いので、迷ったときはスキャンや写真を撮ってデジタルデータとして残し、少しずつ断捨離を進めましょう。

改めてですが、タスク置き場の数が多いということは、それだけ作業をするのに必要な資料や情報がバラバラに保管・管理されているということです。探すのに手間と時間がかかりますし、ミスやモレにもつながります。

まずは、あなたの現状を把握し、そこからタスク置き場の数を減らしていきましょう。

Column

高校生の「ＬＩＮＥ勉強会」に学ぶこと

本章の１２９ページで「もくもく会」という方法をご紹介しました。

これに似た事例で、高校生が、仲間とＬＩＮＥをつなぎっぱなしにして、試験勉強をすることがあると聞いたことがあります。

自宅で一人で作業をしていると、ついＳＮＳを見たり、掃除を始めてしまったりするから、仲間と共に勉強することで、集中力を高めるのでしょう。その話を聞いたときは、「なるほど！」と感心しましたね。

この10年を振り返ってみると、スマホやソーシャルメディアがどんどん使われるようになって、僕たちの常識もだんだん変わってきています。それに合わせて、今までのやり方や考え方もアップデートすることは大切なんですね。

高校生はもちろん、年下の人から教えてもらうことは、これからどんどん増えてくると思います。さまざまな人から、いろいろ教えてもらいましょう。

Chapter 5

「プランB」があれば、遅れやトラブルは怖くない

「遅れ」を問題視する日系企業、気にしない外資系企業!?

僕が以前、外資系企業に勤めていた頃の話です。隔週《かくしゅう》で行われるチームミーティングでは、各自が自分の仕事の進捗を、上司に報告することになっていました。

このとき、面白いことに気づきました。

僕が一緒に仕事をしてきた海外のリーダーは、チームメンバーの誰かの仕事が遅れていたとしても、特に何も言いませんし、何も気にしていません（日本の企業では、進行中のタスクで予定の遅れがあったとき、問題視することが多いそうですが、僕が経験してきた外資系企業では、そうではなかったです）。

しかし、遅れている人の報告を受けると、その後、必ず「そうなんだ。それで、リカバリープランはどうなっているの？」と質問していました。そして、リカバリープランがあれば、それが本当にできるのかどうかについて、詳細を確認したりもしていました。

その海外のリーダーは、仕事の遅れについては何も言わない代わりに、もし担当者がその遅れをカバーするためのリカバリープランを用意していない場合、それをとても問題視していたのです。

このときの経験は、僕の仕事の進め方や考え方に、大きな影響を与えました。

何が言いたいかというと、結局、状況というものは常に変わるので、どんなプロジェクトも、事前の計画通りに進むことは、難しいことが多いのです。

最初に立てた計画は、始まりから目標を達成するまでの期間の、あくまで目安です。このペースで進めていけば、予定通りに終わるはずだよ、というものに過ぎません。

大切なことは、計画通りに進めることではなく、結果を出すために、遅れに対して必要に応じて対策を立てることです。だから、リカバリープランがない場合は、今すぐにでも遅れを取り戻す策を思いつくことが求められます（このとき、自分一人で考えることが難しい場合は、6章を参考にして、他の人に助けを求めてください）。

どんなに準備しても、アクシデントはやってくる

　ダンドリが苦手な人の多くは、「最初に立てた計画は絶対に守らなきゃ！」と思い込んでいます。しかし繰り返しますが、途中で計画がずれること自体は、それほど大きな問題ではありません。むしろ「遅れるのは仕方ない。人生には付き物だ」くらいに考えることです。

　計画がずれる場合、何かしらそこに遅れる理由があるはずです。たとえば、トラブルが起きたり、急な連絡が来たりして、それらにどうしても対応しないといけなかったから、その対応をしていて遅れた。なんてことは、よくあると思います。

　これはどうしようもないことで、結局、予測できなかったことが起こったのです。だ

から、それが原因で計画がずれたことに対して、誰かや自分を責めて犯人探しをしたり、気に病んだり、ストレスを感じたりする必要は全くないのです。遅れがあったとしても、最終的に目標を達成すればそれでいいのですから。

遅れが生じたときは、こう考える

ここで大切な、2つのポイントがあります。

1つ目は、その遅れが、全体の計画に影響するかどうかです。

たとえば、カレーライスをつくるとき、まずは材料を切ってから煮るでしょう。「煮る」ことは「材料を切る」が終わらないと始められません。だから、「材料を切る」ことが遅れると、すべての工程に影響します。結果、カレーの完成が遅れます。

このように全体の計画に影響する場合は、優先度を高くして、先にやるべきです。遅れている場合は、その遅れを取り戻すことが最優先です。

一方、「ごはんを炊く」ことは必ずしも、「材料を切る」前にする必要はありません。この場合、「ごはんを炊く」ことが遅れても、まったく問題はありません。最終的に間に合えばいいのです。逆に、「ごはんを炊く」ことをがんばって、早く終わらせたとしても、意味がないのです。

大切なのは、全体の計画に影響する「クリティカル（重要）なこと」に対しては、一生懸命に取り組み、遅れないようにすることです。

2つ目は、繰り返しますが、遅れを取り戻す「リカバリープラン」があるかどうかです。リカバリープランがあれば、遅れが生じたとしても、代替のそのプランに従って進めるだけです。

わざわざ遅れたことを反省して、余計なエネルギーを消耗し、時間を浪費する必要はないのです。僕たちは、このようなことに時間を使うほど、時間に余裕があるわけではありません。「ま、いいか」、「しょうがないな」と考え、そのまま進むことです。

しかし、リカバリープランがない場合、これは問題です。

このまま行けば、目標を達成できないことをわかっているのに、何も対策を考えていないということだからです。要するに、自分自身が〝あきらめてしまっている〟のです。これは、責任ある大人として、できるだけ避けたい事態です。

あなたを救う「プランB」の話
——常に代案を用意する

ここで、「プランB」の話をしましょう。

「プランB」とは、これまで続けてきたことがうまくいかなくなったときに実行する、バックアッププランのことです。

実はダンドリ上手になるために、プランBの作成は欠かせない工程です。なぜならば、最初に期待した通りに行かないことは、どんなケースでもよくあるからです。ハプニングや予想外のことが起きたときに、いかにスムーズに対応できるかが問われます。

プランBを持っておくことには、いろいろなメリットがあります。

❶ 被害を最小限に抑えられる

予期せぬことやトラブルが起きたときに、より柔軟に対応することができます。他の選択肢を検討することができ、うまくいかなくなったときの影響を最小限に抑えることができます。

❷ 冷静さを保つことができる

プランBを事前に考えておくと、当初の予定通りにいかなくても、「まぁこういう可能性もあるかなぁ」と思え、冷静に対応できます。

❸ 安心感が増す

プランBがあれば、計画通りに進まないときにでも、まだ他の選択肢がある、まだやれることがあると思えるので、安心感を得ることができます。

❹ さまざまな視点から考えられる

プランBを考えることで、今までになかった発想やアイデアを思いつくきっかけになります。さまざまな選択肢と可能性が増えます。

5 身の回りのことを、自分でコントロールできる感覚を得られる

プランBを持つと、さまざまなシナリオに備えることができ、想定範囲みたいに感じられるようになり、自分が物事をコントロールしているという自信を持てるようになります（これがないと、人は「自分はいつも、周囲に振り回されている」という感覚に陥りやすくなります。これは、自己肯定感の低下につながることがあります）。

ただ実際問題、プランBまでしっかり考えてスケジュールをつくり込もうとするのは大変です。

そのため、重要なのは、プランBを完璧につくることではなく、早い段階で、代替案や対策案を考えようとすることです（常に状況は変化するため、その時々でプランBを更新することも、セットにしておいてください）。

すると、仮に期待した通りに行かないときにでも、プランBがないときと比べ、落ち着いて、違う方法を試したり、安心して行動できたりします。

進行の遅れを取り戻す、5つのバックアップ方法

スケジュールが遅れているケースを例に、プランBの対策例をいくつかご紹介します。

1 周りの人に協力してもらう

遅れを取り戻す方法の一つに、同じチームの人や関係者に協力してもらうというのがあります。これは、いったん、今やっている作業を止めてもらい、助けてもらうというものです。

2 必要があれば長時間働く

遅れているものをなんとか間に合わせるために、少し無理をします。たとえば、夜とか週末に対応したりします。

3 外部の力を借りる

上記1は、自分の周りの人や関係者に協力してもらう意味ですが、ここでは、まったく関係のない外部の人や会社に依頼するなどして、スケジュールを圧縮させるイメージです。

4 やることを減らす

大幅に遅れている場合、間に合わせるために、やること自体を減らす必要もあるかもしれません。あれもこれも盛り込むのではなく、最低必要なものだけに絞るというものです。ただ、この選択肢を考える場合は、一人で決めるのではなく、関係する人と相談して、やることを減らすかどうか決めることです。そのほうが、後からモメにくいです。

たとえば、町内会やＰＴＡなど、グループやコミュニティで今までのやってきた活動を独断で簡略化してしまうと、文句を含め、いろいろな意見が出てくるでしょう。そんなイメージです。

❺早くできる手段を導入する

基本的には上記❶から❹を行い、リカバリーを行っていきます。さらに、今よりも早く実現することができるツールや方法があれば、それらを積極的に活用し、時間短縮に取り組むことです。

最近であれば、デジタルツールやクラウドサービス、ＡＩなどを使うことで、今までよりもムダを減らし、効率やスピードを上げることができます。

いかなるときも「新しい方法」から目をそらさない

ここで気をつけたいことは、新しい方法を毛嫌いすることです。

本当は、今よりも早い方法があるにもかかわらず、ただ「やったことがない」というだけの理由で、慣れている今までのやり方にこだわってしまう。そうすると、いくら真面目にやっていたとしても、どれだけ能力の高い人であったとしても、「仕事が遅い」とネガティブな評価をされてしまうでしょう。

ただでさえ変化の激しい時代です。今この瞬間にも、刻一刻と、ツールも、人々の常識も、時間感覚でさえも変化しているのです。ですから、常に新しい方法にチャレンジすることをオススメします。

「新しいことへの抵抗感」をどう捨てる？

たとえば、AIを活用することで、毎日の繰り返し作業を効率化できます。クラウドベースの管理ツールを使うようにすれば、自分だけではなく、チーム全体の進捗状況が一目でわかるようになります。

さらには、オンラインの学習プラットフォームを利用して、新しいスキルを身に着けたり、昔、習得したことをさらに学び直しすることもできます（ちなみにこれは、特に語学学習などにオススメの方法です）。

これらの例は、もうすでに、多くの人が当たり前のようにやっていることです。新しい方法へのチャレンジは、あなたのストレスを減らすばかりか、自分の能力を最大限引き出すステップなのだと捉え直してみてください。

「プランB」と共に、こうしたチャレンジにも慣れていくと、よりスピードアップしていって、ダンドリ上手にグンと近づくと思います。

「リスク管理」で安心して進んでいこう

「リスク」という言葉を聞いて、何を思い浮かべますか？

日本では「リスク」＝「危険」とイメージする人が多いかと思いますが、本来リスクとは、予期せぬことが起こる可能性のことを意味します。それは「いいこと」も「悪いこと」も含みます。

たとえば、アイスクリームを食べると幸せな気持ちになりますが、食べすぎればお腹が痛くなるかもしれません。日常生活には、このようなリスクがひそんでいます。

ここで問われるのが、これらのリスクにどう備えるか、つまり「リスク管理」です。

リスク管理とは、未来の出来事に備えることです。これが、安心して仕事を進めていくための重要なステップなんです。

そして、新しいことにチャレンジするときこそ、リスク管理が重要になります。新しいことには、予想外の結果がつきものだからです。その予想外の結果に備えることができていれば、不安が減り、自信を持って新たな挑戦を始めることができます。

リスク管理の4つのステップ

ここまでお話しして、「リスク管理とか、何だか難しそう……」と感じるかもしれませんが、実は、僕たちは普段から、リスク管理を行っています。

たとえば、「今日は雨が降るかもしれないから、傘を持っていこう」というのも、立派なリスク管理です。

雨が降るかもしれないというリスクがあるため、そのリスクを分析評価（天気予報をチェック）し、対策（傘を持つ）を準備する、これがリスク管理の一例です。

リスク管理のステップを見てみましょう。リスクを特定し、分析し、対策を立てる、そしてリスクを監視する、という流れです。

リスク特定：影響を及ぼす可能性のあるリスクを洗い出す
リスク分析：各リスクの影響と発生確率を理解し、リスク対応の優先順位をつける
リスク対応：いつ、誰が、どのリスクに対し、どのように対処するかを決める
リスク監視：リスクを監視し、対応計画が効果的か確認し、必要に応じ調整を行う

リスク管理が具体的にどういうものかお伝えするために、次ページから、僕が経験した、あるイベントでのエピソードをご紹介します。

バックアップの方法は「一つだけ」より「複数」がいい

僕がインドネシアのパートナー企業と協力して、製品プロモーションを手がけていた頃の話です。僕は100名以上が参加する交流イベントの準備に追われていました。イベント前日、会場には巨大スクリーンを3つ設置し、音声チェック、席のレイアウト整理、製品の展示、ポスター、花の準備と、手がかかる作業が山ほどありました。しかし、問題が発生しました。夕方になっても、スクリーンの画像が一向に表示されなかったのです。ただ、そこに関しては、僕自身にはできることがありません。スクリーンのトラブルの対応をホテルと業者の方にお任せするしかなく、僕は祈ることしかできませんでした。

その夜、ようやく1つのスクリーンが正常に機能するようになり、混乱した状況に、一筋の光が差し込みました。設営業者からも「あとは自分たちのほうで何とかします」と言っていただき、ホッとした僕たちは、深夜になってようやく、宿泊先のホテルに戻ることができました。

その翌朝、イベント会場に到着すると、すべてのスクリーンが正常に動作していることを確認できました。ようやく一安心です。

ところが、その安心も束の間、最終リハーサル時になると、再びスクリーンが真っ暗になってしまいました。会場には再び混乱が生じ、イベントの責任者であった僕は、絶望的な気分になりました……。

でも、そのとき思い出したことがありました。前日にホテルの方と話していたとき、誰かが何気なく話していた、こんな緊急時のプランがあったことを。

「当日のイベントの進行状況に応じて、飲み物を提供する時間を変更することもできますね」

それを聞いていたときは、こんなスクリーンのトラブルなんて想像もしていませんでしたが、まさに今、飲み物を提供してもらえれば、修理時間を確保しつつ、参加者たちに交流を続けてもらって、間をもたせることができます。

僕はこのプランを実行することにしました。結果、30分の遅れはあったものの、飲み物の力で、なんとか事態を乗り切ることができました。完全には問題を解決できませんでしたが、それでも、交流イベント自体は成功させることができたのです。

アクシデントがあっても、ペースは取り戻せる

この経験から学んだことがあります。

それは、失敗するリスクが高いものに関しては、いろいろな状況に備え、複数のバックアッププランを用意したほうがいいということです。このケースのように、そのうちのどれかが、窮地《きゅうち》を救ってくれることって、本当にあるのです。

バックアッププランを考えたり、用意したりするのは、確かに手間がかかります。だから、必要以上に時間をかけても仕方がありませんし、難しいと思います。

ただ、想定外のことが起きそうな予感がする際は、できるだけ多くのバックアッププランを用意しておくことをオススメします。こうすると、予期せぬトラブルに対処することが可能になり、逆境を乗り越える力となることがあります。

大人数での計画は、バッファをどこに取っておく？

以前、ＩＴ業界で、ソフトウェアの開発に関わっていた頃の話をお伝えします。

その頃、僕はインドの会社との共同開発プロジェクトで頻繁にインドを訪れていました。一度の出張期間は2週間ほどで、スケジュールは割とタイトでした。

ある出張のとき、僕は他のチームメンバーより先にインド入りしていました。数日後に、何人かのメンバーがインドに来る予定でした。

ところが突然、メンバーの一人が飛行機に乗れず、翌日にならなければ来れないというアクシデントが発生しました。

その理由は控えますが、まるでマンガのような出来事で、面白さを感じてしまいました。反面、彼がいないと一部の業務が進まないので、全体的に、スケジュールを組み直す必要が生まれてしまいました。

ただ、幸運だったことは、万が一の事態に備えて用意していたバッファ（予備時間）が、僕たちのスケジュールの後半に確保してあったことです。そのおかげで、突然のアクシデントにも、何とか対処することができました。

これはどういうことかというと、以前は、それぞれの作業に対して、予備時間をわずかですが設けていました。各自の作業に対して1〜2時間、予備時間があるというイメージです。

ただ、プロジェクトを何回かやってみた結果、各作業に予備時間を設けると、パーキンソンの法則に従って、みんな、あるだけ時間を使い切ってしまうことがわかりました。

そんな経験があったので、他の人とチームで仕事をする際は、必ず「全体として最後に、一つの予備時間を設ける」ようにスケジュールを組むようになりました。

というわけで、そのとき、ちょうどあらかじめ予備時間を最後の最後に取っていたおかげで、全体のスケジュールが大幅に狂うことはなく、プロジェクトを円滑に進めることができました。

でももし、この最後の予備時間がなかったら、当時の僕は、一体どうやってリカバリーしたのだろうか……？　そう考えると、恐ろしくなります（苦笑）。

「予想外の事態は必ず起こる」からこそ

この経験から得た教訓を、みなさんにもシェアしたいと思います。

それは、「予想外の事態は必ず起こる。だからこそ、それに対処するためのリカバリープランを立てることが重要だ」ということです。

このときは予備時間を設けていただけなので、リカバリープランというと大げさなのですが、他の人と仕事をする際は、最後に予備時間を設けることは、とても効果的です。この考え方は、仕事だけでなく、日々の生活でも同じです。

何かを計画するとき、一見、余計に見えても、予備時間である「バッファ」を設けることを忘れないでください。特に他の人が関わるような計画のときは、全体の最後にそれ（バッファ）をまとめて設けるのがオススメです。

Column

中国出張での「プランB」を振り返って

「プランB」というと、ネーミングが格好よすぎて何だか大げさに感じるかもしれませんが、実際はそんな大層なものではないので、構えすぎないでください、ということをお伝えしたいと思います。

以前、僕が外資系企業にいたときに、顧客やパートナー企業向けのユーザー会を、アジア地域でシリーズで行ったときのエピソードをご紹介します。

そのとき、僕はそのイベントの責任者で、各イベントが始まる際には、最初の一言をスピーチして伝える役目を担《にな》っていました。

事件は、北京でのイベントで起こりました。イベントは午後スタートだったため、当日の朝一番での北京入りも選択肢としてありましたが、万が一のトラブルに備えて、北京への前日入りを選びました。ただし、その前日、天候が悪くて飛行機が飛ばなくなってしまい、成田空港の近くのホテルに、急遽《きゅうきょ》、一泊することになりました。

　そのとき、翌日の出発時間は未定でしたので、そのホテルで中国のチームと打ち合わせを行いました。そして、その場で「もし、僕がスタート時刻に間に合わなかった場合は、地域マネージャーが僕の代わりに挨拶をする」という、シンプルなプランBを立てました。

　翌日、会場のホテルにはイベント開始時間ピッタリに到着。僕は大急ぎで会場のメインホールに向かい、汗びっしょりで登場。結局、5分遅れでイベントをスタートさせることができました。このときは、非常に危なっかしい展開に内心ヒヤヒヤしていたのを覚えています……。

　僕が、この経験から学んだことがあります。それは、「プランBがあるから大丈夫」と安心しすぎるのもよくないということです。

　一度「いざとなったら、プランBが発動するから大丈夫」と思い始めたら、僕は観光気分になってしまい、挨拶の練習もろくにせず、無責任モードに入ってしまったんです（笑）。これを振り返ると、僕の「楽観的すぎる」態度が問題だったと思います。

　プランBはあくまで最終手段です。それに頼りすぎてしまうと、自分の役割をまっとうする責任から逃れてしまうような態度につながるかもしれません。みなさんは、どうか僕のようにプランBに頼りすぎないでください。そして、できる限り、「プランA（もともとの計画）を最後まで全うしましょう」という教訓を、ぜひ心に留めてください。

Chapter 6

「他人」を味方にすればダンドリはグッとラクになる

「頼る力」は、ダンドリの立派なスキルです

やることが山積みで、どこから手をつければいいのかわからない。「全部を自分一人ではできない」とわかっていても、他の人に協力をお願いするのは、なかなか勇気がいりますし、難しいものです。

僕たちは、なぜ、「助けを求める」ことが難しいと感じてしまうのでしょうか。誰かに何かを頼もうとするとき、なんだか漠然とした抵抗感やためらいはあっても、具体的に行動に移せない理由がわからないことがあります。

何でも自分でこなそうと抱え込みがちな人は、僕のクライアントさんにもたくさんいらっしゃいます。

そうした方を見ていて、僕が感じたことはあります。誰かに助けを求めるのに抵抗感が強い人たちには、「他の人に迷惑をかけたくない」という思いが強いのです。

でも、よく考えると不思議ですよね。一人で抱え込んで、あとで迷惑をかけてしまうよりも、最初から事情を伝えて、相手の協力を得るほうが、自分だけでなく、相手にとってもよいことであるはずなのに。

一体、何が僕たちのストッパーになっているのでしょうか。

「頼ること」は決して悪いことではない

抱え込みグセのある、あるクライアントさんとお話をしていたときのことです（Eさんとします）。その方は、他の人に迷惑をかけたくないという思いが、特に強い方でした。

そこで、あるときこんなことをお伝えしてみました。

「冷静に考えてみてください。一人で抱え込んで、あとで迷惑をかけるよりも、最初から、誰かに頼んで、協力を得る方が、かえってよいのではないでしょうか？」

これを聞くと、Eさんは少し驚いた表情を見せました。

「人に頼っていいなんて、考えたこともありませんでした」

「そんなことをしたら、恐ろしいことになる気がして……」

「隠ぺい癖」に逃げ込んではならない

よりくわしく聞いてみると、この方は「そんなことも知らないの？」とか、「（人に助けてもらうだなんて）サボっているのでは？」というふうに思われたくなかったのです。その思いが強かったため、助けを求めることが難しくなっていたのです。

そして、どうやら、この思いはEさんの心の奥深いところから来ているようでした。幼い頃から、「最後まで自分でやらないといけない」「人に迷惑をかけてはいけない」という厳しい教育を受けて育ったのだそうです。

だから、「他の人に借りをつくるのは嫌い。気持ち悪い感じがする」とも言っていました。

しかし、この思い込みは変えられます。まずは、「自分でやらなくてはならない」という思い込みをいったん捨て、少しずつ他の人に頼むことに慣れていきましょう。相手の負担にならないような、小さなことから始めてみてください。

僕がアメリカ留学で培った「人を頼る力」

日本人は、人に助けてもらったり頼みごとをしたりするのが苦手な人が多い、とよく感じます。僕は、そのことに対する抵抗感があまりないので、日本の方からは、ときどき驚かれることがあります。

そこで、今の僕をつくった経験について、お話しします。

僕がアメリカに留学したばかりの頃の話です。その頃の僕は、自転車以外だと、バスを主な移動手段として利用していたのですが、そのバスの乗り方やお店での買い物の仕方、基本的な生活知識など、わからないことだらけでした。

しかも、当時、僕は英語がほとんど話せませんでした。

しかし、新たに海外から来た僕を、周りの人は親切に助けてくれました。最初は助けてくれる人に対する感謝するどころか、当たり前のことがわからない自分への恥ずかしさのほうが強かったです。

しかし、徐々に他人に頼ることが自然になり、知らなかったことを学ぶ機会が増えました。また、新しいことを知れば知るほど、自分の知らないことに気づくことも増えていきました。僕は英語を話すことを恐れなくなり、さらに多くの人々と交流できるようになりました。

この経験を通して、他の人に頼ること、またはわからないことを他の人に尋ねることへの抵抗感が、どんどん減っていったのです。

こんなごく「小さなこと」から始めてみよう

僕の経験から、今「他人に頼る」というスキルに苦手意識がある方も、必ず変えることができると断言します。

もちろん、いきなり海外留学も現実的ではないと思いますから、まずは、「自分でやらなくてはならない」「自立しなければならない」という思い込みを一度手放してみることから始めてみてはいかがでしょうか。

相手に負担をかけないような、小さなことから始め、慣れていきましょう。

「2～3分、お時間よろしいですか？」

「この問題について、一緒に考えていただけませんか？」

「都合のいいときに、この資料を見ていただいて、感想を教えていただけますか」

など、小さなお願いから始めてみる。それが、次第に大きなことにつながっていきます。

「自分は何でもかんでもがんばっちゃう傾向があるけど、ちょっとしたことを頼んでみようかな。これくらいだったら、相手も嫌ではないと思う」と思い描いてみてください。そうすれば、助けを求めることが少しずつ怖くなくなり、新たな一歩を踏み出すことができます。

「助けられ上手」になりましょう

では、実際に助けを求めるステップについてご説明しましょう。実はこれ、僕が、クライアントである、入社２年目の新人Ｆさんにそのまま伝えたことです。

Ｆさんは積極的で、やる気がすごくある方なのですが、まだまだ仕事を覚えている段階です。そのため、やり方がわからずに、課題を完了するのに予想以上に時間を取られ、締め切りに間に合わないことがあり、もがいていました。

そこで、Ｆさんには、どんなふうに質問したり、人に頼んだりすればよいか、具体的なステップをお伝えしました。

STEP1：自分のニーズを明確にする

これはなんてことないように思えますが、大きな変化をもたらします。というのは、意外に僕たちは、自分が具体的に何を必要としているのかをわかっていないときがあります。どんな助けが必要で、なぜそれが必要なのかを具体的に考えてみてください。

STEP2：聞く前に自分でサクッと調べる

ネット検索ですぐにわかることを聞くのは、少し恥ずかしいですよね。ですから、まずは自分で調べてください。意外に簡単に見つかることもあります。聞くべき質問は、調べてもわからないことについてです。

まず、はっきりと正解・不正解がわかるような質問については、自分で調べましょう。ネットだけでなく、自分のメモやメールなどに解答的なものがあるかないかも探してみましょう。そして、見つからなければ、すぐに聞きましょう。調査した上で人に聞くことは、「自分でできることはやった」という自信につながります。

「どうやればいいのか？」「何をするほうがいいのか？」など、複数の選択肢からどちらの方がいいかを判断するときは、できれば良し悪しを自分で考え、「自分なりの答え」を持ったうえで聞くのがベストです。つまり、「自分は◯◯をしたほうがいいと思うのですが、◯◯さんはどう思われますか？」といった質問になります。こうすると、相手もあなたの質問に、より答えやすくなるのです。もし選択肢がまったく浮かばないときは、何が問題で困っているのかをきちんと伝え、相談しましょう。

STEP3：誰に、いつ、どこで、どう頼むのかを考える

たとえば、出かける直前の人に仕事を頼むのは、難しいですよね。そもそも話しかけられる状況ではないかもしれません。基本的には、相手の立場に立って、どんなタイミングや方法で話しかけると、相手は悪い気がしないだろうか、と考えてみてください。たとえば、メールやチャットでお願いするのがよいか、電話か直接会って話すほうがよいかなど、相手が好むコミュニケーションのやり方を選ぶことです。ここで大事なのは、「自分の好み」ではなく「相手の好み」を考えること。そうすると、「唯一の正解」なんてものはなくて、相手の数だけ答えがある、ということに気づくでしょう。

また、実際に質問やお願いをする際は、「やるべきことをやってないじゃん」とツッコまれないように、「自分は◯◯したけど、できないから困っている」みたいな理由も共有すると、よりいいでしょう。そして、相手が答えやすいように、「A案、B案、C案のうち、どれがいいですか？」と選択式にしたり、できれば、自分の意見を伝える形、すなわち「◯◯という理由で、自分はB案がいいと思うのですが、どう思われますか？」といった形が理想です。

STEP4：助けてくれた人々に対する「感謝」を忘れない

「お忙しいところ、時間をつくっていただいて、ありがとうございます」みたいな感謝の意は、きちんと示しましょう。〝ありがとう〟の一言は、相手の心に響き、人間関係を深めてくれます。

これらのステップを踏むことで、Fさんは、人に助けを上手に求められるようになりました。Fさんに対して僕が一番伝えたかったことは「人に頼ることも大切だ」というメッセージです。苦手意識がある人も、ぜひチャレンジしてみてください。

上手に断る「技術」を身につける

「断る」、これはとても大切なことですが、細やかな気配りを得意とする日本人は、苦手とされる方が多いようです。特に、相手の心情を気づかえる繊細な人ほど、難しい能力かもしれません。しかし、これを習得することで、ストレスを減らし、自分も周りもハッピーにすることができます。では、どうやって上手に断ることができるようになるのでしょうか？　以下にいくつかのコツをご紹介します。

1 早めに断る

時間が経つほど断るのが難しくなるもの。それだけでなく、相手の期待も高まり、断ったときのガッカリ度も大きくなります。そのため、迷わず早く断ることが大切です。

2 断る前に感謝の言葉を述べる

いきなり断ると、ストレートすぎて角が立ってしまう可能性があります。「ご提案いただき、ありがとうございます」といった感謝の言葉を述べることで、相手に対する尊重を伝えます。しかし、敬意の言葉が長過ぎると逆効果になることもあるので、適度な長さを保つことが大切です。

3 断る前に「申し訳ありませんが」と謝る

相手への配慮を示すために、クッション言葉を使いましょう。これにより、お断りすることが穏やかに伝えられます。

4 断る理由を明確に伝える

「○○の仕事を、▽時までに終わらせる必要があるから」とか、「自分は、今日は体調があまりよくないから」など具体的な理由を述べることで、断る理由が明確になり、相手も納得しやすくなります。また、断り文の最後に「ご期待に添えず申し訳ありません」という言葉を付け加えること。これにより、断りつつも相手に配慮した表現になります。

5 代替案を提案する

「できない」と言うだけではなく、他の可能性を提案することで、相手に対する協力の意志を示すことができます。たとえば、「でも、明日の午後なら大丈夫です」「ただ、今やっている作業を遅らせられるかを確認してみます。問題ないようであれば、今からできますので」といった提案です。相手の立場に立って考え、可能な限りの協力を提供する姿勢が大切です。

断ることは、自分にとってもメリットがあることはもちろん、また、相手にとっても、早く断ることで、予定を立てやすくなるという大きなメリットがあります。

断ることは気まずいことではなく、自分自身と他人を尊重し、大事にする行為なのです。

ダンドリ上手は、常に「人」に焦点を当てている

僕たちは日常生活において、常に「人」と深く関わり合っています。家族、友人、同僚、お客様など、僕たちは他の人と一緒に物事を進めることが求められます。

ですから、スムーズに進めるためには、人間関係のスキルが不可欠となります。計画を立て、スケジュールを組むことは確かに大切です。そこからさらに一歩進んで、よりスムーズにうまく進めるためには、「人」に焦点を当てることです。

「人」に焦点を当てるとは、他の人がどんな気持ちで、何を期待しているのかを理解し、それを自分の行動に反映することです。

たとえば、友人と映画を見に行く約束をしたとします。すると、ただ自分が見たい

映画を選ぶだけではなく、友人がどんな映画に興味があるのか、複数人で観て一緒に楽しめるのはどんな映画だろうか、といったことを考えるようになりますよね。

そんなの当たり前じゃんと思われるかもしれません。

そこで、その「当たり前」について、もう少し深く掘り下げてみましょう。

たとえば、あなたが友達と旅行に行く計画を立てるとき、以下のような手順を踏むことができます。

❶関係者の特定：旅行に関係する人たちを探して、名前や役割をリストに書くこと

例：「一緒に旅行に行く友達は誰？」「旅行代理店の担当者って誰？」

❷理解・分析をする：旅行に関係する人たちの気持ちや希望、困りごとなどを聞くこと。誰が関心あるのか、肯定的なのか否定的なのか、誰が影響力あるのかを分析すること

例：「友達はどんな旅行が好き？」「予算はどれくらい？」「何が心配？」

❸ 優先順位を決める：旅行に関係する人たちの中で、誰が一番重要で、誰に一番気を使うかを決めること。どれくらいの頻度で、どうやりとりするかも考える

例：「友達の中で誰が一番旅行に乗り気？」「誰が一番不安がっている？」「誰の意見を尊重する？」

❹ うまく協調する：旅行に関係する人たちと話し合って、意見をもらったり、協力してもらったりして、みんなが納得できるように進めること

例：「友達と日程や場所を決める」「何か問題があったら相談する」

❺ 状況を見る：旅行中も旅行に関係する人たちの様子や感想を見て、問題がないか確認すること

例：「楽しい？」「宿泊施設や観光地は満足？」「何か困っていることはない？」

❻ 問題がないか確認する：旅行後も旅行に関係する人たちに感謝の気持ちやフィードバックを伝えて、問題がないか確認すること

例：「友達にお礼を言う」「宿泊施設のスタッフについてレビューを書く」「次回の改善点を考える」

このステップは、旅行だけでなく、学校や仕事、趣味やコミュニティの活動など、日常生活のあらゆる状況で応用することができます。「人」に焦点を当てることは、物事をスムーズに進める秘訣なのです。

ただし、これは単純に相手のことを理解し、尊重するという表面的な考えだけではありません。実際には、誰が協力的で、誰がそうでないのか、誰が影響力を持っているのか、誰と適度な距離を保つべきなのかといったことを考慮に入れて、うまく進めていくことが求められます。

先ほどのステップを再度見直し、普段の生活に当てはめてみると、無意識的にやっていたことが意識できるかもしれません。

基本的には、他の人と何かを一緒に進めるときには、その人たちの気持ちや考えを理解し、それを自分の行動に反映することが大切です。これはダンドリにおいても大切なことです。

〝勝手に〟空気を読みすぎない

僕が海外のチームと一緒に仕事をしているとき、チームメンバーと考えや意見が違うことは、日常茶飯事でした。

たとえば、東南アジア地域で販売促進を担当していたとき、インドネシアで自社イベントを朝から開催しようと企画提案したら、即座に「イベントは、午後やるほうがいい」と意見が返ってきました。このときは、自分が提案したアイデアがその場で即否定されたように感じ、ちょっと凹みました。

しかし、話し続けるうちに、相手はただ、現地の渋滞《じゅうたい》の問題や参加者の勤務地などを踏まえて、自分の意見を述べただけだということがわかりました。決して、私のイベント開催のアイデア自体を否定しようとしていたわけではなかったのです。

また、相手に質問したのに、答えてくれなかったときもあります。

「現地のメディアを、イベントに招待できませんか？」と質問したのに、

「……」。

「……」。

「……」。

誰も返事をしてくれなかったのです。

このときも「（無視されたのかな？）」「（きっと、僕の質問に興味を持ってもらえなかったんだ……）」と思い込んで凹んでしまいましたが、後から、実際には、相手方は、ただ私の質問の意図がわからなかったので返答しなかっただけだ、ということがわかりました。

こういった経験から、海外の人と仕事をする際には、相手の文化や慣習の違いを理解することが大切だと学びました。

いちいち言葉にして確認する

でもそれは海外だけでなく、国内でも、年齢や職業など、さまざまな違いがある人

と話すときだって、同様なんです。多様な人とのやり取りの中では、価値観や考え方、判断基準などが異なります。

だから、相手が「なぜそう考えたのか」「なぜその意見になったのか」「何がそうさせたのか?」など、話の背景や文脈を含めて、「なぜ」という部分をしっかりと言葉にして、確認することが大切なんです。

「断る」ことも同じです。勝手に空気を読んで、相手のことを理解したつもりになるのではなく、相手のことを思いやりながら断るなど、丁寧にコミュニケーションを取ることが大切です。断るコツについては、178ページで紹介しています。

「報連相」一つも大違い!?
だから、ひと手間を惜しまない

外資系企業に勤めていた頃のことです。僕の仕事の一つに、アジア各国のマーケティング活動の報告をまとめるというタスクがありました。その中で、日本の「報連相《ほうれんそう》」という文化と、他の国々のコミュニケーションのスタイルとの違いについて感じることがしばしばありましたので、お話しします。

現在は変わってきているところも多いとは思いますが、僕が知っている日本の企業では、「報連相」というものは、新人の頃にしっかり教育されることが多かったです（「報連相」とは、言わずもがなですが、「報告・連絡・相談」のことですね）。だから、「報連相はしっかりしてくださいね」と一言伝えれば、だいたいみなさん、スムーズに連絡をしてく

れるのが、普通ではないでしょうか。

「なぜ締め切りを守らないの!?」という前に

しかし、これが外資系企業では、日本の企業にいた頃のような感覚では受け取れなかったのです。

たとえば、報告の締め切りの2日前に各国のメンバーにリマインダーを送っても、締め切りである、シンガポール時間正午（日本時間13時）にもかかわらず、情報がそろわないということがしばしばありました。そのたびに、僕はまだ提出していないメンバーに、急いで連絡を送って催促をするという、ちょっとドキドキする日々でした。

そこで、あるときから、いつも時間ギリギリになるあるメンバーには、笑えるくらい執拗にフォローすることを決めました。

締め切りの1週間前に「今月もよろしくね!」、2日前に「どう？　進んでる?」、さらに当日の午前に「大丈夫？　まだ待ってるよ!」といった具合に、「リマインダー祭り」を行ったのです（笑）。

さすがに相手もそれにはまいったみたいで、その後は、スムーズに情報を受け取れるようになりました。

また、毎週行っていた1 on 1ミーティング（1対1の面談）で、そのメンバーとは頻繁に話し合うことで、よりいい関係になってきたこともありますが、そのうち、1 on 1中に軽く伝える程度で、大体うまくいくようになりました。

リマインダー祭りと、個別の面談。人によっては少し面倒に思われるかもしれません。でも、この「ひと手間」を惜しまなかったことで、僕は海外のチームメンバーとの信頼関係を、しっかり築くことができたのです。

相手に合わせて、臨機応変に対応する

多くの国々では「報連相」の文化が根付いているわけではありません。

でも、だからといって（それを承知しているからといって）、最初から全員に同じアプローチをするのも適切ではないと思います。なぜなら、外国人のメンバーの中には、報告をとても早くしてくれる人もいるからです。本当に人それぞれなのです。

だから、それぞれのメンバーとの関係の中で、コミュニケーションの頻度やスタイルを、相手に合わせて少しずつ調整していくことが大切だと感じました。

僕は、海外のメンバーとの仕事を通じて、各国の文化や人々の価値観に適応することの大切さを学ばせてもらいました。

たとえば、欧米の人たちは、報告や連絡は必要最低限に留め、自分の判断で行動する傾向があります。アジアの人たちは、相手との関係を深めるために、コミュニケーションの回数を増やす人もいます。

ただ、時間に対する感覚や価値観は、日本とは違うことも。例えば、インドネシアのジャカルタ市だと、当時、通勤に1時間近く渋滞に巻き込まれている感じでした。そういった環境が違うので、考え方も違ってくるなぁと改めて思いました。

多様な人とのコミュニケーションには、「柔軟性」と「思いやり」が必要です。逆に言えば、この2つの要素さえ持っていれば、自分とは全然違う人とも、スムーズに物事を進めることができると思います。

僕たち一人ひとりが、異なる背景や状況、価値観を尊重しながら、お互いを理解し合うことが、今後より重要になってくると思います。

Column

成功者ほどみな感謝している

これまで僕が出会ってきた、仕事ができてダンドリがうまい経営者や管理職の方々には、ある共通点があります。

それは、「感謝」を大事にしているということです。みなさん、毎日の活動を通じて、こまめに「ありがとう」を周囲に伝えています。

それは、彼ら彼女らは、自分ができないことを他の人にお願いしてやってもらっていて、本人もそれを受け入れているからだと思います。

また、能力のある人ほど、他人の力に頼ることにためらいがなく、その分、感謝の気持ちを持っていらっしゃる。そういうケースをたくさん見てきました。

僕が仕事をご一緒した中で、「感謝」といえば真っ先に思い出す、ある経営者の方がいます。中規模のＩＴ企業のＣＥＯで、総勢１００人程度の社員をまとめておられました。

この方は、なんと、日々の仕事を終えるたびに、自分の意見を出してくれた人たちに、メールで感謝のメッセージを送るという習慣を持っていました。内容も具体的で「〇〇さんのアイデアや提案が、とても役に立ちました。ありがとう」のようなメッセージを送ります。それは大きなプロジェクトの成功だけではなく、小さな一日の業務に対しても同じです。

経営者らしく、毎日多忙な方でしたが、相手に電話をかけて、直接、感謝の言葉を届けることもありました。

また、チームメンバーの誕生日や記念日には、必ず「おめでとう」の言葉を伝えます。このようにこの経営者の方は、自分が頼りにする人々に対して、感謝の気持ちを持ち、積極的に伝えることで、職場の雰囲気をよくしていました。

以来、僕も誰かの力を借りるたび、「ありがとうございます」と感謝することを大切にしています。

そして、助けてくれた人に、自分にできる形でお返しをしたいと感じて、可能な限り実行するよう努めています。

Chapter 7

計画通りに
進まなくても、
あわてる必要はない

うまくいかないことも「プロセスの一部」

ダンドリやスケジュール管理の研修をしていると、ダンドリが苦手という人ほど、すべての物事がスムーズに進むという前提で行動していることが多いと感じます。そして、何か一つに失敗しただけで、とたんに困ってしまう、行き詰まってしまう。そして動けなくなってしまう……。そんな傾向があるようです。

なぜこうなってしまうかというと、おそらく準備や計画をしている段階でトラブルやハプニングが起こる可能性や、うまくいかないことを想定していない、あるいは、トラブルが起きてほしくない願望からだと思います。

そのため、早めにスタートしたのに思い通りに行かず、結局、締め切りギリギリになって焦ったり、直前で大あわてしてストレスを抱えたりするのでしょう。

では、このような状況を改善するには、どうしたらいいのでしょうか？

それは「ダイエットの停滞期」のようなもの

何か計画を立てるとき、多くの人は、無意識的に「こうあってほしい」という、ちょっと非現実的な期待を持っているのかもしれません。

しかし実は、トラブルが起きるのは当たり前だと思っているほうが、物事がうまくいく可能性が高いんです。

たとえば、ダイエットに取り組んでいると、ストレスが溜まったり、つい食べてしまう瞬間があります。でも、ダイエット中には、必ずこのような挫折や誘惑《ゆうわく》があるものだと思えば、たとえばチートデイ（好きなものを自由に食べていい日）を設けるなど、自分に合った方法やペースを見つけようとするようになります。

仕事でも同じです。プレゼンの準備で、資料づくりに時間がかかり、練習時間が十分に取れなかったとき、結果的に話す内容や順序がバラバラになったり、質問に対してうまく答えられなかったりすることもあります。

でも、プレゼン資料は、実際には、自分が思っているよりもつくるのに時間がかかる。それと同時に、プレゼンをしたら、必ず質問があると思い込めば、早めに資料をつくりあげたり、質問を想定した練習をしたりすることができます。

「トラブルは普通」と思えば、心がラクになる

うまくいくだろうと期待すると、失望することになります。思い通りにいかないと、イライラしたり、ストレスを感じたりします。自分はダメな人間なんだと思い込んでしまうこともあるかもしれません。

しかし、視点をガラッと変えて、「トラブルがあるのは当たり前」と考えるようにしたらどうでしょう。

トラブルが起こることや、途中で予定変更することは、そもそも計画やダンドリの一部だと思えば、たとえ途中でうまくいかないことがあっても、失敗したとか、自分はダメだとか、ネガティブな気持ちになることはありません。

物事が思い通りにならないことは、常にあるものだと思っておいたほうが、スムーズに対応でき、気持ちもラクになります。

最初の想定から遅れても、〇〇さえできれば大丈夫

計画が遅れても、リカバリープランがあれば大丈夫、ということを6章で述べました。とはいえ、最初の計画から外れてしまうと、ネガティブな思考に陥り、気持ちが落ち込んでしまうことは、誰しもあると思います。

このときに、

「あー、あのとき、ああすればよかった」

「なんでそうしなかったんだろう。最悪」

「どうしよう……」

「いやだなー、連絡したくないなー」

「怒られたくない……」

こんなふうにグルグル悩み始めると、一気に動けなくなるということがあります。

このような状態になってしまったときには、どのように自分の考え方を変えることができるのか、そのコツをお伝えしたいと思います。

「嘘つきにならない」という視点

ここで大切なのは「嘘つきにならない」ということです。

「嘘つき？」「どういうこと？」と思われるかもしれませんが、ここで説明させていただきます。

どんなことでも、必ず他の人が関わるものです。仕事であれば、相手はお客様や社外の人、または社内の同僚、異部署の人でしょう。普段の生活でも、何かうまく行かなかったときには、自分以外の人に影響を与えます。家族や友人、地域の人、所属しているグループの関係者などなど。

そして、事が計画通りに進まなかったという事実があります。この事実がわかった時点で、すぐに報告や相談をしないと、相手から見れば、言い方は大げさかもしれませんが、事実の隠蔽をされた、つまり嘘つき行為と見なされる可能性があります。たとえ本人に隠すつもりはなくても、躊躇している間に、他の用事ができてしまい、相手に連絡することができなければ、事実を隠ぺいしたのと、印象としては大して変わりません。

そんなとき、事情をよく知らない相手が、あなたに嘘をつかれた、裏切られたと感じれば、人間関係にヒビが入ることだってあり得ます。

「明日ならできる気がする……」がダメな理由

トラブルが起こると、不安になったり、「いやだなぁ……」「この場から逃げ出したい」と感じたりすることは、人間なら誰しもあると思います。

そんなときは、この事実を思い出してほしいです。

何事も、悩んだときが、問題の影響が一番少ないのです。たとえば、報告が遅れれば遅れるほど、それを伝えることが難しくなります。罪悪感に苛まれ、自己嫌悪に陥るといった負のスパイラルに陥る可能性もあります。

だからこそ、何か問題が起きたときには、速やかに報告や謝罪をし、行動に移すことが重要です。そうしないと、問題が大きくなり、信用回復が難しくなる可能性があります。

もちろん、頭ではそうとわかっていても動けない、そんなときもあると思います。大丈夫です。再度申し上げますが、何事も、気になったとき、そのときが一番影響が少ないのです。

要するに、もし計画通りにいかなくても、その都度、誰かに相談しよう、相手に伝えたり謝ったりしようと試みることさえできれば、ほとんどの場合、まったく大丈夫なんです。

大事なのは「リカバリープラン」

このときに重要なことは、言い訳をしないことです。必要なのは、言い訳ではなく対策です。

僕たちは後ろめたいことがあると、つい言い訳をして、少しでも許してもらおうと考えがちですが、これはナンセンスなことだと捉えるようにしてみてください。

何かトラブルが起き、予定通りに進まないときに、相手から言い訳を聞かされるよりも、「この状況をどうにかするには、どうすればいい」と考えてもらったほうが、ずっとありがたいですよね？

そう考えると、謝ることも大事ですが、その後の状況を改善するためのリカバリープランを持つことが、いかに重要なのがわかると思います。

「嘘をつかない」
「言い訳をしない」
「代替案を考える」

何事も、頭で考えすぎると、解決どころか物事をややこしくしてしまうことは多いものです。

迷ったときほど、これらの明確なルールに従って行動することをオススメします。

焦ったときほど「他人に寄り添うとき」のように丁寧に

「早くして！」

「なんで、できてないの!?」

とぶっきらぼうに言われると、かえって緊張してしまい、何かを忘れたり、余計ミスをしたりしてしまうことって、よくあると思います。

そんなとき、他人からの否定的な言葉よりも、たとえば、

「今日は水曜日だよ。締切は今週の金曜日だけど、提出できそうかな。何か困ったことある？」

のように、自分に寄り添った感じで言われると、具体的な事実を思い出しやすくな

り、落ち着いて物事を進められやすくなりますよね。

同じことが、自分に対しても言えます。

つまり、自分自身に対しても、責めたりしすぎない、ということです。

そして、頭の中で、漠然《ばくぜん》と考えたり、責めるように原因追及をしたりするのではなく、具体的な事実に基づいて考えることで、どのように対応したらよいのかが、ハッキリ見えてきます。

何かと焦ってしまうクセがあるという方は、一度、このような視点で、ダンドリを見直し、自分の考え方や行動を変えてみてはいかがでしょうか。

また、ダンドリが苦手な方は、スケジュールが遅れたり思っていたようにできなかったりしたとき、感情的になりやすい（不安になったり、恐れを感じたり）傾向があるようです。意識して、感覚よりも、事実をベースに考えてみる習慣を身に着けるとよいと思います。

Column

なんとパスポートが⁉ ハプニングの連続だったアメリカ留学

僕がアメリカに留学していたときの話です。アメリカで生活していた頃、日本では経験できないような、ちょっとしたトラブルや焦ったりするハプニングのようなことは日常茶飯事でした。

たとえば、アメリカでは、ホテルで荷物を持ってもらったときなど、ちょっとしたサービスにチップを払う文化があります。しかしそのとき、僕の手元には20ドル札しかなく、

「チップにこれ全部は多すぎるけど、どうしよう……」

と、思わぬ場所でのチップの支払いに頭を抱えることがしばしばありました。

そしてそんな中で、お金の両替に走るスリルを味わったこともあります。

また、アメリカに行ったばかりの頃、近所のダウンタウン（街の中心地）にあるレストランでサラダを頼んだところ、手に入れたのは、メイン料理かと勘違

いするような「超巨大なサラダ！」なんてこともありました。

しかし、そういった経験を通じて、少しずつアメリカの生活に慣れてきて、アメリカ人の友人と一緒に住むようになり、「アメリカナイズ」することで、僕の視野はどんどん広がり、考え方がよりポジティブになっていきました。

そしてある夏、以前一緒に住んでいたアメリカ人の友人が住んでいるワシントン州のスポケーン市に遊びに行ったときのことです。再会の喜びと興奮から、彼と他の友人と一緒に、その勢いでカナダへ遊びに行くことになりました。

心躍らせながら、数時間ドライブしたあと、ようやくアメリカとカナダとの国境に到着しました。しかし、そのまま車で入国しようとした瞬間、高揚した気持ちは、一気に違うドキドキに変わりました。

なんと、僕は自分のパスポートを持ってきていなかったのです！

アメリカ人の友人たちは、カナダ入国をするに際しパスポートが必要ないのですが、日本人の僕には必要だったのです（当たり前のことですが……）。

そのときは、「ああ、こんなところで!?」と、思わぬ障害に遭遇し、その場ですごすご来た道を戻るしかありませんでした。当時はどうしようもないので、みんなで笑うしかなかったですし、今となってはいい思い出です。

このカナダの例は、僕がパスポートを持っていれば回避できたことですね。

アメリカで経験したこともそうですが、今、僕がしみじみ思うのは、「人生では、予想外のことが普通に起きる」ということです。

想定していることであれば対策はできますが、人間はすべてを想定することができないため、想定外のことやトラブルは必ず起きます。これは、あなただけではなく、みんなそうなんです。そう考えると、気分的にいくぶんラクになるかと思います。

いくら入念にダンドリしていても、想定外のことやトラブルは起きるものだと考え、それを受け入れ、対策を練ることで、意外に冷静に行動できるようになります。

もしも何か予期せぬことが起きたら、まずは深呼吸して、「想定外は普通にある。あわてる必要はない。これからどうしようか、事実を基に考えよう」と自分自身に言い聞かせ、何をやるべきか、どう対処すべきかを冷静に考えましょう。

そうするうちに、自分だけでなく、他人のミスにも、より寛容になれる気がしています。

Chapter 8

大まかな「時間割」で、日常をスッキリ整理しよう

「頭を使う仕事」は朝へ、「リフレッシュ」は午後へ

その朝をどう過ごすかで、1日の過ごし方が大きく変わってきます。

たとえば、朝一番に、今日やらないといけないことをサクッと始められると、その日1日が自然とスムーズに、何事もスイスイと進むように感じられたりしますよね。

時間内で効率よくこなすポイントは、自分に合った時間帯を見つけることですが、まず、仕事の内容によっては、特定の時間帯に行うほうが効率的なことがあります。

みなさんは時間帯によって、やることを変えていますか？

「朝・昼・晩」でやることを変えて効率UP！

たとえば、アイデアを出したり、企画を考えたり、文章を書いたりするような作業は、午前中、つまり朝が圧倒的にオススメです。頭がスッキリしている時間帯にこれらを行うと、よりよい結果が得られます。

セミナーや研修で参加者の方とお話をしていると、たとえば、「お客様や外部の方とのやりとり」とか「お金に関わる重要な業務」とか、ミスをすると大変なことになってしまう仕事は、午前にやっているという方が、結構いらっしゃることに気づきます。やはり、みなさん「午前中にする」ことで、ミスを防げるということを、経験的にご存じなのでしょう。

また、仕事や家事で忙しくなる前の朝早い時間に、語学や資格の勉強をされている人も多いですね。

「午後の眠気」をうまくやり過ごすには

人それぞれ違いますが、お昼ごはんを食べた後はどうしても眠くなってしまうので、集中力は少しずつ落ちていきます。ここで頭を使うような、本来、午前中にやるほうがいい作業をやろうとすると、なかなか思うように進まず、あっという間に時間だけが過ぎてしまうということが起こりやすくなります。

これはもったいないので、午後になったら、ちょっとした会議や打ち合わせなど、「他の人と何かする」ような仕事を入れるといいと思います。

「眠気とは、自分ひとりで戦わない」ことです。他の人とやりとりしていたら、気づいたら眠気が通り過ぎていた、みたいな感じがいいかと思います。

また、あまり頭を使わなくてもいいような単純作業をするなど、メリハリをつけて行うことが大切です。作業をうまく時間帯に分けることで、一日を通じて効率的に活動しましょう。

「明日やること」は、前夜の仕込みでラクラク♪

　朝、一日が始まると同時に、たくさんの「やらなければならないこと」と直面すると思います。そのため、そのプレッシャーに圧倒されることってあると思います。さらに、どれから手を付けたらいいか迷うこともあるでしょう。

　そんなときにオススメなのが、前日の夜にその日の振り返りと翌日のＴｏ Ｄｏリストを作成することです。これによって、明日が、今日よりもスムーズに進みます。ほんの小さなことのようですが、これが大きな違いを生み出すのです。

　夜の数分間を利用して、その日を振り返ることで、自分自身の経験から、何がうまくいったのか、何がうまくいかなかったのかを学び取ることができます。

また、次の日にやるべきことをリストアップしておくと、頭の中が整理されます。やるべきことを忘れることも少なくなり、翌日に計画的に行動できるようになります。特に、「あれもこれもと考えがちで、何も手をつけられない」という悩みを抱えている方にオススメの方法です。

また、リストをつくるときに、何が重要なのかを考えることにもなりますから、翌日のタスクの優先順位が決めやすくなります。朝からすぐに優先すべきことに取り組めるようになりますし、ただ何となくメールやメッセージをチェックするような受動的な時間が減っていきます。

また一日の計画が明確であれば、自分から積極的に動けるので、自分のペースで仕事を進められます。これにより、ムダな時間や、不安などストレスを減らせます。

前日の夜に仕込みをする方法

夜に、その日を振り返り、翌日のＴｏ Ｄｏリストを作成する時間を数分、設けます。手順は３ステップです。

1 振り返る

以下の質問を自分に投げかけましょう。

「今日、何をしたか？」

「何がうまくいって、何がうまくいかなかったのか？」

「何をやり残したのか？　なぜ終わらなかったのか？」

「今日の経験から何を学んだのか？」

2 翌日に必要なことを「見える化」する

これは、紙に書き出しても、スマホのアプリを使っても構いません。以下の点も合わせて、自問してみてください。

「新たに何が必要だろうか？」

「求められることに変更はないだろうか？」

「何かやり忘れはないだろうか？」

この時点では、優先順位などを気にする必要はありません。目標を達成するため、成果を出すために必要なすべてを吐き出すことが大切です。

3 いつ何をするか、やることの優先順位を決める

ここでは、何を後回しにしてもよいのか、何が最も重要なのかを判断します。そして、それぞれの作業にどれくらいの時間が必要かを見積もります。翌日の現実的なスケジュールを立てることができます。理想的には、いつ何をするかが一目でわかるようにカレンダーに登録しておくといいでしょう。

「仕込み」をする際のポイント

ここで大切なのは、意識して「空き時間」を確保しておくこと。休憩やリラックスのための時間も重要ですし、突然のアクシデントだってあり得ます。そのため、余裕を持った予定を立てることが、スムーズに進めるコツです。状況や環境は常に変化します。変化に合わせて、また必要に応じて、Ｔｏ Ｄｏリストを見直しましょう。

ちなみに僕は、仕事のことに関してだけは、帰宅前のオフィスで、この作業を行うようにしています。ご自分に合ったタイミングで、翌日の『仕込み』をしてください。目標が明確になり、行動がスムーズになり、ストレスが軽減します。

「デジタルカレンダー」を取り入れよう

僕の時間管理のセミナーに参加されていたＧさんから、こんな話を聞きました。これまでＧさんは、手帳を使って、自分の予定管理をしていました。しかし、それが原因で、度々トラブルになってしまうことがあったそうです。

というのも、大切な予定を忘れたり、書き間違えてしまったりといったミスが多く、どうしたものかと悩んでいたそうです。

またＧさん自身、「自分は予定管理ができない、ダメな人なのかも」と思い込んでしまい、自己評価も下がってしまったのだとか。

しかし、Ｇさんの生活を一変させたアイテムがあったそうです。それが、デジタルカレンダーです。デジタルカレンダーは、僕自身愛用していて、人にも強くオススメしているアイテムなので、Gさんの話には力強く賛同してしまいました。

というわけで、ここでは、デジタルカレンダーのいいところと、使う上でのポイントを紹介します。

デジタルリマインダーを使う大きなメリット

❶リマインダー機能を使える

カレンダーが予定を教えてくれるため、予定を忘れていても、さらに言えば、手帳やメモ帳を見忘れていても、通知して教えてくれます（この機能がめちゃくちゃ便利なので、次項でもお伝えします）

❷複数のカレンダーを使える

仕事、プライベート、家族……。それぞれのカレンダーを分けてつくることができます。これにより、重要な予定を忘れるリスクが減ります。それぞれのカレンダーを見ることで、自分がどの領域にエネルギーを注いでいるのか、またそれがバランスよく配分されているのかも、一目瞭然になります。

3 予定を色分けすることができる

予定を色で分けることで、どの予定が何に関連しているのかが一目でわかります。たとえば、仕事の予定は青、家族との予定は緑、自分の時間はピンク……それぞれの色が一覧で見えると、自分の生活がより鮮やかに見えてきます。

4 カレンダーを他人と共有できる

他の人と共有することで、全員が予定を把握し、ミスコミュニケーションを減らすことができます。たとえば、家族カレンダーを共有すれば、家族全員でスケジュール調整ができ、時間を有効に使うことができます。

5 モバイルアプリを使える

スマホからいつでもアクセスできます。移動中や待ち時間など、ちょっとした空き時間にも予定を確認したり、追加したりすることができます。

6 場所を登録する

誰かと会うとき、場所を登録しておけば、Googleカレンダーなら地図上で確認できます。そうすることで、時間通りに目的地に到着するための出発時間も容易に確認できます。

7 予定の詳細を活用する

会議やミーティングの際、その内容をメモしておくことができます。また、関連資料を添付することもできるため、必要な情報を探す手間が省けます。

僕自身、打ち合わせの際のメモをここに残すことができるようになって、「あれ、そんなことありました？」ということをグッと防げるようになりました。

前述のGさんの話に戻りましょう。

Gさんはデジタルカレンダーを使い始めてから、仕事や家庭、友人との予定だけでなく、自分だけの時間も大切に管理することができるようになったそうです。そして、自分の時間の使い方が以前よりよくなったと感じたことで、前よりもちょっと、自分に自信を持つことができるようになりました。

僕はこの話を聞きながら、ダンドリというのは単なる時間管理ではなく、その人の自己肯定感にもつながり得る、大事なスキルなのだと強く感じるようになりました。

あなたも一度、デジタルカレンダーを試してみてはいかがでしょうか？

忘れん坊な人の救世主「リマインダー機能」

僕は、昔から予定を管理するのが苦手で、なんて面倒なんだと思っていました。

だって、僕たちは、仕事、家事、子育て、趣味……頭の中は常に何かしらでいっぱい。約束や予定、締め切りなど、忘れてはいけないことをうっかり忘れてしまうことがしばしばあります。

ましてや、もともとの予定にプラスして、予定ややることが増えると、それを全部覚え切るのは本当に大変です。覚えていてもすぐに忘れてしまいます。

だから、そんなとき、「自分の予定を管理して、いちいち教えてくれる秘書がいたらいいなぁ」などと、夢のようなことを考えていました。

そんな僕の願いを、ついに叶えてくれたものがあります。

それが、「デジタルカレンダー」のリマインダー機能です。当時、「とうとう自分にも、仕事をアシストしてくれる秘書ができる！」と感動したことを覚えています。

リマインダー機能は、まるで有能な秘書のように、僕たちに予定や大切な日を教えてくれるんです。

リマインダーの使い方はとても簡単です。カレンダーに予定を追加し、その予定に対して、いつ通知してほしいかを設定するだけです。

たとえば、予定の1日前や、1週間前、1カ月前に教えてほしいときは、それぞれ設定することができます。タスクがある場合は、その開始時期を教えてくれ、行動を促してくれます。

それでは、リマインダーの上手な使い方について説明します。

❶予定を具体的に書く

たとえば、「歯医者」ではなく「○○歯科で定期健診」などと、より具体的に登録されていると、より直観的に、文字をパッと見ただけで思い出しやすくなります。出発時間を意識して、リマインダー設定するのも手です。

2 大切な予定にリマインダーを設定する

大切な予定だから忘れることはないと決めつけずに、念のために、通知を受け取るようにしましょう。忙しすぎると、日付や時間を忘れてしまうことがあります。人間は忘れる生き物です。忘れること前提に考えると、スムーズに進めやすくなります。

3 自分に合ったリマインダーを選ぶ

メールやテキストメッセージなど、自分が一番気づきやすい、最適な方法を選びましょう。最初は、いろいろと試してみてください。

4 カレンダーはいつも最新の状態にする

予定が変わったら、すぐにカレンダーを更新しましょう。そうすれば、リマインダーも間違った時間に鳴ることはないので。

必ずプロセスを「見える化」しよう

あなたは「何から手をつければいいのかわからない」「何か、やり忘れてしまったかも」と突然、不安になることはありませんか？　一つひとつのことに集中しすぎると、全体像を見失い、このような不安に陥ることがあります。

大切なことは、全体を俯瞰しつつ、個々の課題をきちんとこなすことです。それを可能にする有効な手法として、やることを見える化し、抜け漏れを防ぐ方法をご紹介します。

それでは、ここでいう「見える化」とは何でしょうか？　それは、一つひとつやるべきことを重複せず、漏れなく整理すること（ＭＥＣＥ）と、やることを細かく分解し、はっきりと構造化すること（ＷＢＳ）を意味します。

ＭＥＣＥとは、「Mutually（お互いに）」「Exclusive（重複せず）」「Collectively（全体に）」「Exhaustive（漏れがない）」の頭文字を取ったものです。全体を重複せず、漏れなく把握することを目指します。

そして、ＷＢＳは、「Work（作業を）」「Breakdown（分解して）」「Structure（構造化する）」の頭文字を取ったもので、必要な作業を階層別に細分化し、見やすい形で表示する手法を指します。

たとえば、新商品の発表会の場合

具体的な事例を見ながら、説明していきます。僕には、Ｈさんという、ある会社で広報を務めるクライアントがいます。あるとき、新商品の発表会を企画したＨさん。彼は、すべてを一人で進めようとして、いろいろな問題を起こしてしまいました。

まず発表会の目的が曖昧で、準備が遅れ、商品の手配も遅れ、そして、スタッフの教育も不十分……。当日は、かなりグタグタな発表会になってしまったそうです。

図7　全体を大局的に見て、
抜け漏れを防ぐ2つの考え方

MECE……漏れなく、ダブりなく

M　Mutually（お互いに）

E　Exclusive（重複せず）

C　Collectively（全体に）

E　Exhaustive（漏れがない）

WBS……最終ゴールから分解することでわかりやすく

W　Work（作業を）

B　Breakdown（分解して）

S　Structure（構造化する）

この一連の失敗により、Hさんは上司や同僚からの苦情や指摘を強く受け、落ち込みつつも、反省されました。

そこで、Hさんには、次回の準備に向けて、すべての作業を「見える化」し、抜け漏れを防ぐ方法を使って準備をするようにアドバイスしました。同僚の協力も得て、MECEとWBSの原則に基づいて、計画を立て直してもらったのです。

たとえば、次回の発表会の目的を、事前に明確にしました。それは、新商品の特徴のプレゼンと、参加者との交流の二つです。

この2つの目的を明確にした上で、それぞれに必要な作業をリスト化しました。これにより、準備が必要な項目が、誰の目から見てもクリアになり、各作業が重複しないように管理できました。

大きな仕事も、小さな作業に分けて、やることを「見える化」しました。たとえば、「会場の手配と設営」という大きな仕事も、細かく分割すれば、「会場の選定と契約」、「商品の手配」、「スタッフ教育」、「会場設営」など、細かいタスクに分けることができます。このときは、「会場設営」を、さらに「ブース設営」「照明設置」「音響設備の準備」などに細かく分けました。

それぞれの「やること」が何を目指し、どの順番で進めればいいのかが明確になったことで、Hさんや同僚たちは、グッとスムーズに作業を進めることができるようになりました。その結果、次回の発表会は大成功。Hさんは「見える化」の力を実感されたそうです。

また、以前、僕がインドチームと一緒に、100名くらいのセミナーを計画していたときの話です。現地のリーダーがセミナー準備でやるべきことをリスト化したので、それを見せてもらいました。すると、そのリストにある項目が数百あったことに驚きましたし、徹底度が違うと感心しました。

このように、やることを見える化し、見落としや漏れを防ぐ方法を使うことで、全体像が明確になり、一つひとつの「やること」を抜け漏れなく、確実に達成できます。そして、大きな仕事でも、一つひとつに分けて考え、計画することで、ダンドリが苦手な方でも、仕事の進め方がスムーズになります。

ぜひ次の仕事では、この「やることの見える化」を活用してみてください。

図8　やることをゴールから「見える化」して、見落としや漏れを防ぐ

カレーをつくる場合のWBS

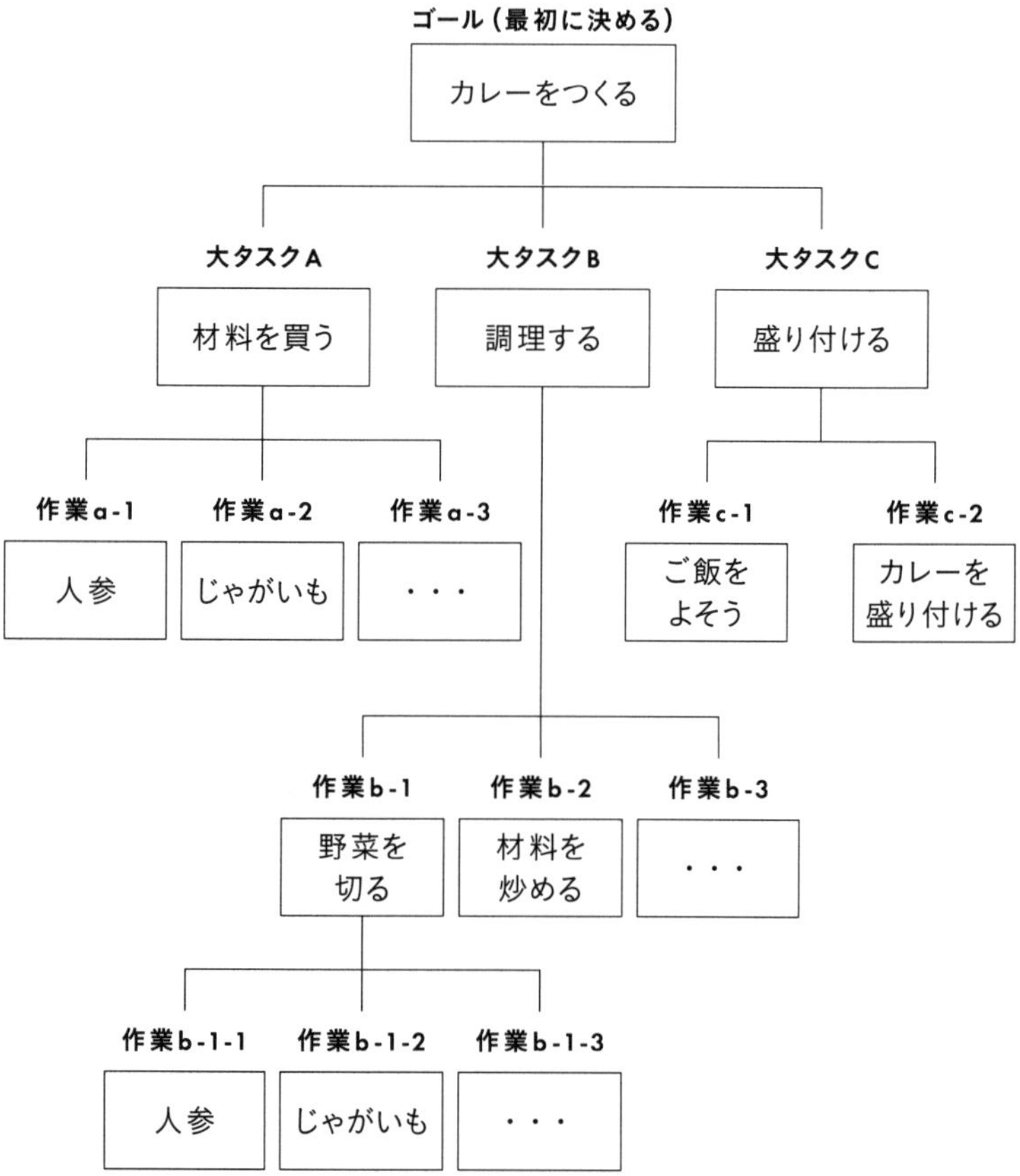

Column

世界に揉まれて気づいた、あらゆる人間関係がうまくいくコツ

アジアの様々な地域を担当するようになった頃のことです。自分がこれまで意識してきた「自分の強み」と、チームメンバーが感じている「自分の強み」が、まったく違うことに気づきました。僕はずっと、マーケティングのスキルが自分の強みだと思っていたのですが、ある日、自分の強みを見つける自己評価ツールが話題になったときに、長い間一緒に仕事をしてきたチームメンバーが、こう言ってくれたのです。

「『多様な人々とのコミュニケーション能力』こそが、あなたの強みだよ」と。

これは単に、僕が英語が話せるからという理由ではありませんでした。このときは、非常にハッとさせられました。

実際に僕は10年ほど、アジア各地のメンバーとの毎週の1 on 1ミーティングをしたり、多くの国の現地のパートナーや営業メンバーと協力して仕事をして

きました。これらの経験を通じて、僕は異なる「国」の文化や背景もありますが、それ以上に「人」の価値観や基準が実に多様であることを痛感しました。

そして、僕たちが普段考える「評価」や「成果」とは、実は他者が決めるものなのだと気づきました。どれだけ自分を高く評価しても、それが認められなければ、あるいは相手が納得しなければ、それは真の価値とはいえません。

ここで大切なのは、やはり「相手に委ねる」姿勢です。この姿勢を持つことで、僕は「勝手な期待をしないこと」の大切さも学びました。変に期待してしまうと、相手がそれに応えられなかったときに、勝手に失望したり、イライラさせられたりします。だから変に期待せず、淡々と事実を受け入れること。そうすることで、以前よりも感情に振り回されることは少なくなりました。

「(自分の評価は)相手に委ねる」「変な期待をしない」。

この2つの考え方を心がけると、仕事やプライベート、あらゆる場面で、人間関係がグッとうまく行きやすくなると思います。

結局、僕たちは何をするにしても、他人との関わりなしには進みません。これはダンドリの方法とは違う話かもしれませんが、人とうまく付き合いながら、何かを一緒に進めていく上で、とてもオススメの考え方なのです。

Chapter 9

ちょっとした
「細切れ時間」の
チリツモ活用法

「2〜3分なら話せる」──時間感覚が変わった瞬間

僕が以前勤めていた、外資系企業での経験を、少しご紹介します。

僕は、海外のリーダーたちと共に仕事をしていましたので、こまめに彼らに報告したり指示を仰《あお》いだりする必要がありました。しかし、リーダーたちは常に忙しく予定が詰まっていて、こちらに質問や確認したいことがあっても、定例のミーティング以外では、なかなか会議をつくってもらうことができませんでした。

とはいえ、彼らは「2〜3分なら話せる」と言って、時間をつくってくれることがありました。最初は「そんな短い時間では何も話せない」とガッカリしましたが、それが唯一のチャンスだと考え直し、この数分を最大限に活かすようにしました。

どうしたかというと、次のように具体的な対策を立てたのです。こちらに3つの質問があるとして、それぞれに1分ずつ割り当てることにしました。つまり、質問1つにつき60秒の時間を使うのです。その60秒をさらに分割し、最初の30秒で状況を伝え、質問を投げかけ、残りの30秒で相手の意見やアドバイスを聞くという形にしました。もちろん、この方法は、あらかじめ何を話すか考えておくなど、事前の準備が必要です。実際にこれを試してみると、思ったよりもスムーズに会話が進むことがわかりました。

結果的に、僕は、2～3分というごく限られた時間内でも、すぐにリーダーに確認することができるようになり、悩みやストレスがグッと減りました。

カップラーメンにお湯を入れて待っているような時間内でも、結構いろいろなことができるものなんだ、という時間感覚が得られるようになりました。

あなたは本来、実行する力がある

この話をすると、よく「飯田さんだからできるのでしょう（自分にはできません）」と言われますが、そんなことはありません。僕たちは普段から、限られた時間を使って、実にいろいろなことをやっています。

たとえば、2～3分あれば、留守電にメッセージを残すとか、電車を待つ間に、SNSに、たまったメッセージをチェックして返信をするとか。

僕たちは、これらを意識せずに、当たり前のようにやっていますよね。ご自分が、ちょっとした時間で、さまざまなことをやり遂げているという当たり前のことに、もっと気づいてあげてほしいのです。

本項でご紹介した、この時間に対する向き合い方は、「時間」ではなく「分」や「秒」という単位で考えようというシンプルなものですが、慣れてくると、「チリも積もれば山となる」の言葉の通り、驚くほど多くのことができるようになります。一見地味なようですが、めちゃくちゃオススメの方法なので、次項でより深くお伝えします。

1日を「24時間」から「86400秒」へ

前項の続きです。

やることがたくさんありすぎて、「ああ、時間が足りない」と感じることってありますよね。僕たちは、常に時間と戦いを繰り広げています。

確かに時間を効率的に使うのは難しいですが、その時間との向き合い方を変えることで、時間感覚が変わり、さらに多くのことが可能になります。

新しい「時間管理のアプローチ」をご紹介します。

どういうことかというと、スケジュールや予定を考えるとき、「時間」ではなく、「分」や「秒」という単位で考えるというものです。

この視点の変化によって、毎日の忙しさに、今よりももう少し上手く対応できるようになるのです。

1日を「時間」で見るのではなく、「分」や「秒」で見るとどうなるでしょうか。

1日は１４４０分、なんと８６４００秒です！

こう考えると、「時間って実はたくさんあるんだなあ」という感じが、急にしてきませんか？　1日にどれだけの可能性が秘められているかを改めて認識できます。ここに、新たなチャンスがあります。

「時間って案外たくさんある！」という気づきへ

「◯時間」ではなく、それを分割した「分」や「秒」の単位で考えることで得られるメリットは次の通りです。

❶ 時間管理が上手になる

たとえば、ちょっと強引ですが、2時間くらいの大きな仕事を、１２０回の小さなチャンスがあると考えてみてください。こう考えると、2時間という長さや漠然とした大きな仕事で圧倒されるという感じがなくなり、取り組みやすくなります。

たとえば、「プレゼンテーションの準備に2時間」と考えるのではなく、「調査に15分」「スライド作成に30分」「練習に15分」の時間を使うと考えると、大きな仕事も少しずつできるものに見えてきます。しかも、60分も予備の時間を設けちゃいました。

2 タイパが上がり、先延ばしグセが減る

タイパとはタイムパフォーマンスのことで、費やした時間に対して得られた効果のこと（時間対効果）を意味します。

大きな仕事を「分」単位に分けると、確実に進む感覚が得られ、先延ばしにすることも少なくなります。たとえば、書く仕事は、「アイデア出し」「下書き」「編集」「仕上げ」というステップごとに時間を設定することができます。

小さな仕事と時間の単位で、進めていけるので、着実に一歩一歩進められます。大きな仕事に圧倒されたり、漠然としてよくわからない状態で、「どうしよう」といった不安だけで何もやっていない……という状況を避けることができます。

3 時間に対する意識が高まり、気づきが増える

これは非常に重要なポイントです。「分」や「秒」の単位で時間を捉えることで、短い時間で何ができるか、自分の行動について深く理解することができます。たとえば、集中して何かに取り組む時間が30分あれば、たった30分でも、僕たちはすごく多くのことができますよね。

では、どのようにこの考え方を日常生活に取り入れるのでしょうか。やりやすいところですと、まずは、「15分単位」で1日のスケジュールを立ててみましょう。それだけで、分単位の感覚が生まれ、さらに隙間時間の活用や適切な休憩の取り方が身につきます。

さらに、もっと深めたいという人は、「自分が、15分単位で何をしているか」を記録することにチャレンジしてみてください。完全に記録するのは難しいかもしれませんが、大まかでいいので自分がどのように時間を使っているかを知ることができます。それが分単位で理解できると、今後の時間の使い方が大きく変わってくるでしょう。

3分とか10分――スキマ時間をムダにしないコツ

突然ですが、あなたが1日をどう過ごしているのかを振り返ってみてください。きっと、予定の合間に少しだけ、空き時間があることに気づくと思います。バスや電車での移動時間だったり、誰かを待っている時間だったり、仕事の合間だったり。

これらの「ちょっとした時間」は、考え方次第で、あなたが自由に使える特別な時間に変わることをご存じでしょうか。

僕は、ダンドリや時間管理の研修などで、よくこんな演習をやっています。それは、3分や10分といった限られた細切れ時間があったら、その時間を使って何をするか、普段から考えておく、というもの。

事前にやることを決めておくと、細切れ時間が生まれたときに、何をしようか迷うことなく、すぐにタスクに取りかかれるので、オススメなのです。空き時間にスマホをいじるのも結構ですが、より有意義なことに時間を使うことができます。

やり方を、もう少しくわしく見ていきましょう。

「ちょっとした時間の使い方」、僕の場合

「ちょっとした時間」には、僕たちの日常生活の中に頻繁《ひんぱん》に登場します。僕は、大きく分けて「待つ時間」、「移動時間」、「休憩時間」の3つのタイプがあると思っています。

「待つ時間」は、人との約束までの時間や、次の予定が始まるまでの時間を指します。

「移動時間」は、通勤時間や場所から場所へ移動する時間を指します。

「休憩時間」は、お昼休みや、仕事や家事の間に取る休憩の時間を指します。

これらの「ちょっとした時間」を効果的に使うために、その時間に何をするかをあらかじめ考え、決めておきましょう。

図9 「ちょっとした時間」をもっとうまく使おう

仕事関連の例

1分の空き時間

- □ メールの件名をチェックする
- □ 今日の予定を確認する
- □ デスクの整理整頓をする
- □ 必要な書類を印刷する
- □ 次のミーティングの準備をする

3分の空き時間

- □ ちょっとしたメールの返信をする
- □ 今日のタスクリストを作成・更新する
- □ 1日の目標を立てる
- □ まわりの人とちょっと話す
- □ 進行状況をメンバーに確認する

5分の空き時間

- □ 重要なメールをしっかり読む
- □ 次のミーティングの資料をつくる
- □ プレゼンの資料作成を少し進める
- □ 業界ニュースをチェックする
- □ レポートやメモを書く

たとえば、僕の場合でいいますと、「待つ時間」は、メールやチャットをチェックしたり、何か調べごとをしたり、机や書類、あるいはやることを整理したりするのに使っています。

「移動時間」は、何か新しいことを学んだり、考え事をしたり、次の予定を計画したりするのに適しています。

「休憩時間」は、深呼吸をしてリフレッシュしたり、散歩をしたり、ストレッチをしたりして、リラックスやエネルギーを充電するのに使います。

もちろん、これらは僕の場合に過ぎません。あくまで一例ですし、僕自身、その日の気分や体調、必要なことによって、「ちょっとした時間」の使い方は変わります。たとえば、大事な打ち合せの前なら「移動時間」を使って、これから話す内容を確認したり、疲れているときは少し眠ったりすることも効果的です。

みなさんも、自分に合わせて、どうぞどんどん、アレンジしてみてください。何事もそうですが、「こうすべき」だなんて思いすぎず、その時々の自分のニーズに応じて、柔軟に対応していきましょう。

「仕事の時間枠」をつくる
——タイムブロッキング思考法

誰しも、作業に夢中になっていると、「あれ？　もうこんな時間？」と気がついた経験があるのではないでしょうか。

僕自身、プロローグでお伝えした「定時内で成果を出さなければいけない」ということを考えるようになるまでは、それぞれの作業に、どれくらいの時間を使うか、あまり深く考えていませんでした。目の前のことにひたすら一生懸命に取り組んでいたという感覚があるだけで、ただ時間だけが過ぎていく感じでした。

そんなとき、海外のリーダーたちと一緒に仕事をするようになり、彼らが当然のように「仕事の時間枠」（タイムブロッキング）を設定していることに気づきました。

「日々のタスク」を「実行可能な予定」に変える

「仕事の時間枠」とは、どの時間に何をするかを明確に設定する手法です。1日の時間をブロック分けし、それぞれにやることを設定するのが「仕事の時間枠」の考え方です。この方法を用いると、効果的に仕事を進めることが可能になります。

では、どうして「仕事の時間枠」が役立つのでしょうか？

それは、タスクは「やる」だけではなく、「いつやる」のかも重要だからです。

計画したタスクが、予期せぬトラブルや仕事によってズレてしまうことはよくあります。そんなときに「仕事の時間枠」を使うことで、そのような問題にも効果的に対処できます。

「仕事の時間枠」のつくり方

それでは、ここで、仕事の時間枠のつくり方をご紹介します。

❶今日のやることを明確にする

その日の中で最も重要な仕事は何かを特定します。

❷集中できる時間帯を確認する

自身が一日の中で、最も集中できる時間を把握します。

❸スケジュールに「仕事の時間枠」を設ける

「10〜11時は企画書作成の時間」といった具合に具体的に時間を設定します。

❹似ている作業はまとめて行う

データ入力や資料作成など、似たようなタスクをまとめて行います。

❺計画を周りの人たちに伝える

4章の「がんばるタイム」で紹介したように、仕事に集中できるよう（邪魔されないよう）に、周りの人に協力を求めます。

❻集中できる環境を整える

余計な通知をオフにするなど、自分にとって最適な環境をつくります。

❼変更や中断に柔軟に対応する

計画通りに行くことはなく、常に変わる状況を考慮し、空き時間枠もしっかり設けて柔軟に対応できるようにします。

この「仕事の時間枠」を取り入れることで、日々のタスクが少しラクになり、「何を、いつ、したらよいのか」が明確になります。まずは、小さなタスクから始めて、試してみてください。

Column

たった1分で集中力を回復！オススメのリフレッシュ法

空き時間ができたときのために、何をするかをあらかじめ決めておくことはオススメです、ということを本章で述べました。

実際に僕が細切れ時間にやっている、オススメの休憩法をご紹介します。たった1分でリフレッシュでき、その後、集中力を回復できるというものです。

それは、ただ目を閉じて深呼吸することです。本当に、たったそれだけ！

僕個人の経験から言うと、その日の仕事内容や状況によりますが、1分ほど目を閉じているだけでも、十分、頭をリフレッシュさせることができます。

もし、忙しすぎて頭がパンクしそうになったり、または集中力が落ちてダラダラ作業になってしまったりしたときは、だまされたと思って試してみてください。ただそれだけでも、心地よい休息を取ることができます。

Chapter 10

時短&効率UP!
インターネット
活用術

「テンプレート」や「フォーマット」はバンバン利用せよ

あなたは、メールやチャットの返信で、どのように返答すればよいか迷って、ついついレスポンスが遅くなってしまったことはありますか？　また、何度も同じような内容を書くのは面倒だな……と感じたことはありませんか？

ダンドリが苦手だと感じている人ほど、「そうです！」と前のめりに答えてくれる方が多い気がします。

でも、大丈夫です。そんな困りごとを解決してくれるのが、「フォーマット」と「テンプレート」です。

フォーマットとは、文章を整理して、見やすくする工夫のことです。見出しや箇条書き、文字の大きさや色などです。

一方、テンプレートとはメッセージをつくる際に、あらかじめ用意した文章やレイアウトのことで、よく使う表現や構成を、ひな形として保存しておくという方法です。

これにより、あいさつや自己紹介、結びの言葉など、目的や相手にかかわらず、決まった表現が素早く書けるようになります。

僕たちは、普段、メールやLINEなどのやりとりに多くの時間を使っています。だからこそ、これらのツールの効率的かつ迅速な使用が、時間を節約し、生活の質を向上させるカギとなります。

フォーマットやテンプレートを上手に使うことで、自分の時間が増やすことができるのです。さらに、相手や目的に応じて、よりわかりやすく伝えることができるようになります。

テンプレートとフォーマットで、毎日を快適にした3人の話

では、フォーマットやテンプレートを活用することで、どのように日常のストレスを減らし、よりスムーズなコミュニケーションを実現できるか、その具体的な事例を、僕のクライアントさんのケースから3つ、ご紹介します。

CASE1：お客様へのメールの返信が遅れて、信頼を失ったIさん

営業部のIさんは、お客様からの問い合わせメールに対する返信が遅れてしまい、信頼を失ってしまった経験がありました。

ある日のことです。お客様から商品に関する問い合わせメールを受け取りましたが、

どう返信していいか迷ったＩさんは、すぐに返信することができず、そのうちについ、問い合わせのことを忘れてしまいました。その結果、お客様から催促電話を受けるという事態になりました。

この失敗がＩさんを変えました。Ｉさんは、よくある質問内容ごとにメールテンプレートを作成し、すぐに返信できるように工夫しました。これによって、お客様からの問い合わせメールが来たとき、テンプレートから必要なものを選び、それに少し手を加えるだけで、すぐに返信できるようになりました。これにより、Ｉさんの返信時間が大幅に短縮され、お客様の信頼を取り戻すことができたのです。

CASE2：上司からの残業の依頼を断るのが苦手で困っていたＪさん

新入社員のＪさんは、上司からの残業の依頼を断れず、困っていました。ある月曜日、その週の木曜日に残業できるかと上司に尋ねられました。しかし、Ｊさんは既にその日に予定がありました。断りたいと思いながら、うまく断れず、曖昧《あいまい》な返事をしてしまったＪさん。そして、当日の朝になってから、上司に残業できないと伝えたところ、「聞いたときに言ってよ」と怒られてしまいました。

　これをきっかけに、Ｊさんは残業の依頼を断るための文言を考え、メールの下書きとして保存しておくことにしました。それ以来、断りたいときはその下書きを利用し、スムーズに断ることができるようになりました。また、断る理由も添えることで、上司も納得しやすくなりました。

　その結果、Ｊさんは仕事とプライベートのバランスを保つことができ、「自分で自分の時間をコントロールできる」という自信を持つことができるようになりました。

ＣＡＳＥ３：うっかり詳細を伝え忘れて、友だちとの予定が流れてしまったＫさん

　フレンドリーで友だちと遊ぶことが好きなＫさんは、仲良しの友だちと飲みに行く約束をしました。しかし、その日が近づいてくるまで、具体的な集合場所や時間をＬＩＮＥで伝えることを、忙しいＫさんは、うっかり完全に忘れていました。結局、友だちはＫさんが来るのかどうかわからず、別の予定を入れてしまい、Ｋさんは友だちと飲みに行くことができませんでした。

　そこでＫさんは、予定を立てた後、すぐに詳細を確定し伝えるためのテンプレートを作成することにしました。というのも、これまでＫさんは、ＬＩＮＥで詳細を伝え

ようと思いつつ、実際には時間がかかるため、後でやろうとし、結果として忘れてしまう……という失敗が度々あったのです。

Ｋさんは、予定を立てたときに使用するテンプレートを作成し、そのテンプレートを使うことで、予定の詳細をスムーズに伝えることができるようになりました。

これにより、友達への連絡がスムーズになっただけでなく、約束をすること自体がより楽しいものになりました。また、Ｋさん自身も予定を忘れるストレスから解放されるようになりました。これは、テンプレートの力を借りて、Ｋさんが自分自身のコミュニケーションスタイルを改善し、よりよい人間関係を築くことができた一例です。

フォーマットやテンプレートの活用は、日々の仕事や生活をラクに進める手段です。それらは個性を制限するものではなく、むしろあなたの独自性や強みを引き立てます。

何かを一から始めるのは気が重いものです。でも大丈夫、今までのやりとりをコピぺするところからでも始めてみてはいかがでしょうか。

とりあえずやってみることです。そのうちに、いつの間にか、自分だけのテンプレートをつくり出せるようになっていると思います。

手軽に即レスを叶える「辞書登録」と「音声入力」

いつも即レスしてくれる人に対して、みなさんどう思われますか？　ただそれだけで、「この人、なんかすごい！」と、一目置いてしまうのではないでしょうか。時間は限られていますし、今の時代、即レスってすごく重要です。

とはいえ、いちいちメッセージの入力自体に時間をかけるのは、ちょっともったいないです。ぜひ「辞書登録」と「音声入力」を使ってみてください。最初は面倒くさく感じられるかもしれませんが、まずは「やってみる」ことをオススメします。すぐに、これらなしではいられなくなる便利さに驚かれるはずです。

手軽に即レスを可能にする「辞書登録」と「音声入力」の利用法を紹介します。

❶ 辞書登録：よく使う言葉を事前に登録する

「辞書登録」とは、スマートフォンやPCに、よく使う語句や文章を登録する機能のことです。これを使うと、テキストを入力するのがグッとラクになり、スピードも上がります。

たとえば、「しょ」と入れると「承知いたしました。」、「よろ」と入れると「よろしくお願いします。」、「いつ」と入れると「いつもありがとうございます。」などと表示されるよう設定できます。職場でよく使う専門用語や、友人に対してだけに使う言葉など、何でも登録できます。「やばい」を入れると「やばいやばいやばい(;゜ロ゜)」と絵文字付きで出てくるよう設定することもできます。

個人的には、頻繁に入力が必要で手間のかかるメールアドレスや住所、電話番号、英単語なども辞書登録しています。また、複雑な語句や覚えにくい表現、印象的なフレーズや定型文なども登録しています。

（例）

【へんしんふよう】↓「もし不備がなければ、ご返信には及びません。ありがとうございます。」

【そのひは】↓「その日はあいにく、都合がつきません。」

これにより、誤字脱字を減らすことも可能です。

さらに、友人とのメッセージのやりとりやブログの執筆、ソーシャルメディアの投稿などでも、辞書登録は大変有用です。

デバイスにより辞書登録の方法は異なりますが、大抵は入力設定の中で行うことができます。積極的に辞書登録を活用し、入力スピードを向上させてみてください。

2 音声入力：話すだけでサクッと文字に変換

僕は、ここ5〜6年、PCやスマホに話しかけて入力することが増えました。仕事中はもちろんのこと、散歩中でも、です。音声認識の技術がすごくよくなって、人が話すだけで、コンピュータがそれをすぐに文字に変えてくれるようになったからです。

僕は、キーボード入力は割と早いほうなのですが、それでも口で話して入力するほうが、断然早いと感じています。

個人的には、何か企画やアイデアを考えるときや、何かしら文章やメールを書くときなどに、まずは深く考えずに、思ったことを話しかけて記録に残すという使い方をよくします。最近は、ＡＩチャットとのやりとりで、音声入力を使っています。

「完璧に入力」より「とりあえず話しかける」

また、音声入力を使用している僕個人の実感ですが、そのとき思いついたことを、すぐにスマホに話しかけてメモしておくと、その後のあれこれ考える時間が減る、という実感があります。

ひらめきって、その場で即座にメモを取らないとすぐに忘れて記憶のかなたに流れてしまいますから、この方法は本当にオススメです。

効果を出す使い方は、完璧に入力しようとすることよりも、その場で素早く入力し、何かしら記録に残すことです。なので、思いついたら、すぐに話しかけて、とりあえずメモする使い方をオススメします。

いずれにせよ、これからの時代、ＡＩの活用が当たり前になってきます。特に音声入力はこれからのことを考えると、今から使い慣れておくことをオススメします。

「AI」と「検索」のフル活用で、日々のやることをスマートに

今の時代、ネットでサクッと情報を集める力、「ググる力」はとても重要です。調べれば、ほとんどのことはすぐにわかります。その一方で、調べずに、人に聞いてしまえば、「それくらい、ちょっと調べれば、すぐわかるのに……（先に調べてから聞いてほしい）」と思われるかもしれません。そこで「ググる」コツを覚えると、自分が欲しい情報を効率よく手に入れることができます。

たとえば、画像や動画の検索、あるいは「filetype:pdf」と入力することで、PDFファイルだけを探すことも可能です。ダブルクォーテーション（“ ”）で囲んだ言葉で検索すれば、その言葉がそのまま入ったページだけが表示されます。また、マイナス

（－）を使って検索から特定の言葉を除くこともできます。「site：ウェブサイトのＵＲＬ検索語」と入力すれば、特定のウェブサイト内で検索することもできます。たとえば、「site:wikipedia.org旅行」と検索すると、Wikipediaの旅行に関するページが表示されます。

さらに技術の進化により、ＣｈａｔＧＰＴのような生成ＡＩを使えば、人との会話のように情報を得られるようになりました。

このＡＩは、仕事とプライベートの両方で活用できます。ここでは、その活用方法を簡単にご紹介します。

❶ ＡＩを使った仕事の進め方の基本

・目標とタスク管理：大きな目標を小さなタスクに分解し、それぞれのタスクに対して期限を設定します。
・タスクの優先順位付け：タスクの重要度や緊急度に基づき、順番を決めます。
・データ検索と情報収集：タスクをするための情報やデータを効率的に集めます。

2 ＡＩの応用的な使い方（基本的な使い方に慣れてきたら）

・ドキュメント作成：タスクが終わったら、その過程や結果をまとめる文章をつくります。

・テキスト生成と要約：メールやブログの文章をＡＩがつくったり、長い文章を要約してくれます。

・複雑な質問への回答：仕事を進める中で疑問点が出てきたら、それをＡＩに質問し、回答を得ます。

・アイデアのブレインストーミング：新しいアイデアが必要なときに、ＡＩが多くのアイデアを提供します。

・提案書のドラフト作成：提案書や報告書などの文章を作成する際に、ＡＩがサポートします。

スマホが僕たちの生活を大きく変えたように、ＡＩの利用は、これまでのやり方を大きく変えるでしょう。考えたり、調べたり、つくったり、問題を解決したりすることにおいて、あなたの力をぐっと底上げすることができます。

Column

「テンプレート」の力―東南アジアでの経験から学んだ効率化の極意

あなたが日々の生活や仕事に追われているとき、「テンプレート」の存在は驚くほど大きな助けになるかもしれません。その力を僕が体感したのは、東南アジアでの仕事を通じてです。

僕は以前、東南アジア地域のマーケティングを担当していました。その際は、タイ、マレーシア、インドネシアにある、さまざまなパートナー企業と共同で製品の宣伝をしていました。一緒に展示会出展なども行っていました。それぞれのパートナーとのコミュニケーションは重要でありながら、その方法や手段、ルールが異なるため、一つひとつの対応が大変でした。

そんな中、「テンプレート」が、僕の仕事のやり方を大きく変えました。それは、一貫したフォーマットで情報を提供するというごくシンプルな手段でしたが、その効果は絶大なものでした。

以前は、非常に手間がかかりました。

たとえば、共同で出展する展示会や活動の目的、スケジュール、担当者、予算などの必要な情報をお互いに確認する必要がありました。さらにくわしい計画や準備についても話し合う必要があり、パートナー企業に何度も質問をしたり、説明したり、その逆もありました。漏れなく情報共有するのが一筋縄ではいかない状況でした。

しかし、テンプレートを用いることで、各国のパートナーとのコミュニケーションが一気にスムーズになりました。テンプレートに沿って情報交換を行うことで、不要なコミュニケーションを減らすことができるのです。

このパートナーとのやり取りを通じて、「形式を統一する」という、一見単純なアイデアが、混乱や誤解を避けるためにどれほど重要であるかを知ることになりました。自分だけではなく、相手もコミュニケーションがラクになったと喜んでくれました。

もし何かのやりとりで共通認識を持つことが大変だと感じられる場合は、ぜひテンプレートを試してみてください。どんなに複雑なことでも、決まったフォーマットを持つことで、よりシンプルにやりとりできるようになります。

そして、その時間と労力を、本当に集中すべき他の重要な領域に向けることができます。

テンプレートの活用は作業だけでなく、コミュニケーションの上でも役に立ちますので、オススメです。

エピローグ

ダンドリとは「限りある時間を大切にする」こと

仕事や日常には、「やらなければ」と感じることが無数に存在しますよね。毎日の中で、

「まずはお茶を飲んで落ち着いてから」

「机の上を整理してから仕事を始める」

「始業前に、とりあえずメールをチェックする」

こんなふうに、勢いをつけるためにやってしまうことってあると思います。

これって、実はダンドリの一環です。

僕たちが日常でやる準備やちょっとしたこと。「○○をしてから取りかかる」という行動。

でも、これを深掘りしてみると「○○をしなければ、本当にやるべきことをしない」という状態をつくり出してしまっているのかもしれません。

特に、真面目な方やキッチリとやるタイプの方だと、最初のダンドリの部分（○○をしてから）を大切にしすぎる傾向があります。

結果、思っているよりも時間がかかってしまい、「間に合わない！」と焦ってしまうことがあるのではないでしょうか。

「理想の自分」を思い切り描こう

「自分はダンドリが苦手なのかな」と感じている方も多いかと思います。その気持ち、とてもよくわかります。

しかし、ここで一つ、新しい視点を持ってみませんか。

そうです。本書で紹介してきた「やることを8割減らす」ことです。

この思考にシフトすることで、あなたのダンドリの能力は、飛躍的に向上します。

ヒンズー教で次のような言葉があるそうです（出典については諸説あるようです）。

心が変われば、態度が変わる。
態度が変われば、行動が変わる。
行動が変われば、習慣が変わる。
習慣が変われば、人格が変わる。
人格が変われば、運命が変わる。
運命が変われば、人生が変わる。

心の中での小さな変化が、最終的に人生全体に影響を与えるという教えです。

僕たちが、真に追求すべきは、「ダンドリ」そのものではなく、「自分の選択」です。何を優先し、何を捨てるかという選択です。

本書を通して、やることを減らす方法や、ダンドリの心得をご紹介してきました。

あなたは、すでに自分らしい「ダンドリ上手」の道を歩み始めています。早速、やらないことを増やして、自由な時間を手に入れてみませんか？

大丈夫。あなたなら、きっと、うまくいきます。

飯田剛弘

飯田剛弘
Yoshihiro Iida

愛知県生まれ。南オレゴン大学卒。ITベンチャーでインド企業との共同開発に従事。プロジェクトマネジメント協会の標準本を翻訳。その後、マーケティングを担当し、データベース監査市場にてシェア1位獲得に貢献（ミック経済研究所）。外資系企業に転職し、これまでの「長時間、がんばる」の限界を痛感。この経験をきっかけに、過去の常識にとらわれない、効率的な仕事術を探求。そして、「やることを8割減らす」という新しいがんばり方で、定時内で成果を出す。最終的には、4つの地域（日本、韓国、東南アジア、オセアニア）のマーケティング責任者としてチームをリードし、自身のノウハウを日本人はもとより現地の外国人を含めたメンバーへ伝える。現在は、ビジネスファイターズ合同会社の代表として、執筆活動の他、マーケティングや人材育成の支援に力を入れる。

これまでの著書に、スマッシュヒットとなった『仕事は「段取りとスケジュール」で9割決まる！』（明日香出版社）の他、『童話でわかるプロジェクトマネジメント』（秀和システム）、『PMBOKはじめの一歩 スッキリわかるプロジェクトマネジメントの基本』（共著、翔泳社）などがあり、累計部数は8万5000部を超える。

【HP】https://bizfighters.com/profile/index.html

やることを 8割《わり》減《へ》らす ダンドリ術《じゅつ》

2023年10月5日　第1刷発行

著者……………………飯田剛弘《いいだよしひろ》
発行者………………佐藤靖
発行所………………大和《だいわ》書房
〒112-0014　東京都文京区関口1-33-4
電話　03-3203-4511

ブックデザイン….新井大輔　中島里夏（装幀新井）
イラスト……………SHIMA
校正……………………くすのき舎
本文印刷……………信毎書籍印刷
カバー印刷…………歩プロセス
製本……………………ナショナル製本

　ISBN978-4-479-79792-0

http://www.daiwashobo.co.jp